DAS NEUE SPARGEL-KOCHBUCH

Frédérik Kondratowicz

DAS NEUE
SPARGEL-
KOCHBUCH

MIDENA

Die Deutsche Bibliothek – CIP-Einheitsaufnahme

Kondratowicz, Frédérik:
Das neue Spargel-Kochbuch / Frédérik Kondratowicz. –
Augsburg : Midena-Verl. ; 1997

ISBN 3-310-00223-3

Midena Verlag, Augsburg
© 1997 Weltbild Verlag GmbH, Augsburg
Alle Rechte vorbehalten

Leicht überarbeitete Neuauflage

Rezeptbilder: Evelyne und Hans-Peter König, Zürich
Übrige Fotos: Keycolor (Seite 11),
Schweiz. Gemüse-Union (Seiten 14/15),
Comet-Photo (Seiten 16/20),
Walter Hess, Biberstein (Seite 18),
Bildagentur Baumann (Seite 17)
Satz: Kneuss Satz AG, Lenzburg
Herstellung: Neue Stalling, Oldenburg

ISBN 3-310-00223-3

Einführung

Suppen

Vorspeisen

Hauptgerichte

Sämtliche Rezepte
sind für 4 Personen berechnet

EL = Eßlöffel
TL = Teelöffel
Msp = Messerspitze
ml = Milliliter
dl = Deziliter

Einführung

Spargelernte in der Touraine, im Westen Frankreichs

Ein Wort zum Spargel

Von Anfang März bis Ende Juni begleitet
uns der Spargel durch den Frühling.
Selbst von schlanker Figur, bewahrt er auch die
unsere. Sein delikater Geschmack macht
jede frisch zubereitete Suppe zu einer
Gaumenfreude besonderer Art. Der Spargel ist
aber auch ein idealer Begleiter von Fisch und
Meeresfrüchten, von Fleisch und Geflügel und von
zartem Frühlingsgemüse.

Ich wünsche Ihnen eine genußvolle Spargelsaison
mit meinen nicht alltäglichen Rezepten.

Frédérik Kondratowicz

Der Spargel – beliebter denn je

Eine Delikatesse war er schon immer, der Spargel (Asparagus officinalis L.). Plinius bezeichnete den Sproß als eine Schmeichelei des Gaumens und die zuträglichste Speise für den Magen schlechthin. Auch Goethe schwärmte vom Spargel. Er erkor ihn zum König der Gemüse. Für Hieronymus war das heißbegehrte Frühlingsgemüse die liebliche Speise für Leckermäuler, und Charles Dickens reihte ihn unter den Förderern edler Gedanken ein.

In einer Pyramide in Saqquara entdeckten Archäologen ein Grabgemälde, auf dem ein Bündel Spargel abgebildet ist. Lange Zeit galt dies als sicherster Beleg für Spargelanbau und Spargelverzehr im alten Ägypten. Das Gemälde dürfte im 3. Jahrtausend vor Christus entstanden sein. Renate Germer, eine Spezialistin auf dem Gebiete der ägyptischen Pflanzenwelt, widerlegte diese Annahme: Die Pflanze sieht zwar dem Spargel zum Verwechseln ähnlich, es handelt sich jedoch um die ebenfalls eßbaren unteren Teile der Papyrusstengel. Die alten Ägypter scheinen also den Spargel doch nicht gekannt zu haben.

Man geht davon aus, daß die Chinesen, Perser und Griechen den wild wachsenden Spargel um 500 v. Chr. als Nahrungs- und Heilpflanze gebraucht haben. Hippokrates (400 v. Chr.), Arzt und Begründer der wissenschaftlichen Heilkunde, erwähnt den Wildspargel erstmals als Heilpflanze. Pedanius Dioskurides (1. Jahrhundert n. Chr.) sprach dem Spargel eine heilende Wirkung bei Nierenerkrankung zu. Er riet ferner zum Tragen eines Spargel-Amuletts, wollte man sich vor unerwünschter Schwangerschaft schützen. Die Böotier, die in der Antike als unkultiviert galten, waren da ganz anderer Meinung. Für sie war der Spargel ein Aphrodisiakum, ein Mittel, das den Geschlechtstrieb anregt. Jede Braut erhielt vor der Hochzeit einen Brautkranz aus Spargel.

Cato der Ältere verfasste bereits um 160 v. Chr. die erste Anleitung für den Spargelanbau. Die Römer waren buchstäblich verrückt nach dem Spargel. Da die Produzenten die Nachfrage zuwei-

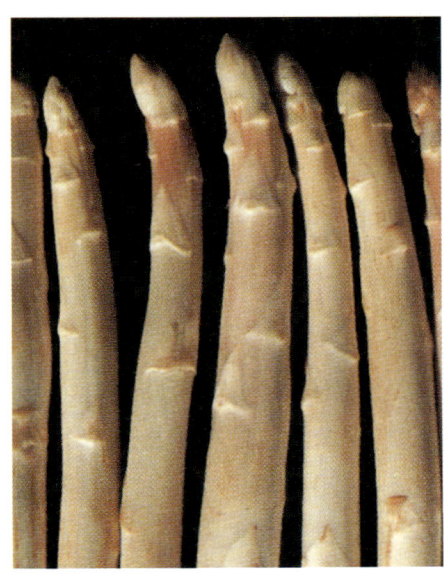

len nicht decken konnten, war der Preis so hoch, daß sich nur noch die wohlhabenden Bürger den delikaten Sproß leisten konnten. Kaiser Diokletian wollte diese Preistreiberei unterbinden und setzte den Preis per Dekret fest. Der römische Feldherr Lucullus soll sich zum Spargel wie folgt geäußert haben: ‹Es kann nur der kochen, dem gelingt, Spargel ohne jede Zutat in wonnigster Vollendung aufzutischen!› Und Kaiser Augustus meinte: ‹Tu es schneller, als du Spargel kochen kannst!›

Die Römer brachten den Spargel nach Gallien und Germanien. Unsere Vorfahren allerdings, in den Augen kultivierter Römer ‹Barbaren›, wußten mit der Pflanze lange Zeit nichts anzufangen. Sie ließen das Gemüse ins Kraut schießen. Dies war zwar schön für das Auge, aber taugte nicht für den Kochtopf. In den folgenden Jahrhunderten fristete der Spargel ein verwildertes Dasein und geriet als Nahrungsmittel völlig in Vergessenheit. Erst Johann Casimir, Leibarzt des Pfalzgrafen vom Rhein, nahm sich des verwilderten Strauches wieder an und erntete Mitte des 16. Jahrhunderts die ersten ‹gezähmten› Spargelstangen. Spargelliebhaber sind ihm zu ewigem Dank verpflichtet. Mit dem großflächigen Spargelanbau wurde im 18. Jahrhundert begonnen.

Die Spargel-Jungpflanzen werden von Hand gesetzt. Für gutes Gedeihen braucht die fleischige Wurzel viel Raum. Der Abstand zwischen den Pflanzen soll mindestens 40 cm betragen.

Der Spargel – ein Liliengewächs

Wir unterscheiden drei Gattungen von Liliengewächsen: zeitlosenartige, lauchartige wie beispielsweise die Tulpe, und als dritte Gattung die spargelartige, zu der das Maiglöckchen und der Salomonsiegel gehört. Nur wenige Lilienblütler haben einen wirtschaftlichen Nutzwert. Der neuseeländische Hanf liefert zum Beispiel Textilfasern. Als Gemüsepflanzen sind Lauch und Spargel zu nennen. Manche Lilienblütler haben als Zierpflanze wirtschaftliche Bedeutung: Tulpen, Gladiolen und Narzissen erfreuen Auge und Herz. Der Spargel, der nicht Gesäte, schmeichelt dagegen dem Gaumen.

Anbau und Ernte

Weißer Spargel

Der Gemüsespargel (Asparagus officialis), auch Spieke, Sparsich, Aspars, Schwammwurz und Korallenkraut genannt, ist außerhalb der Erntezeit ein hoher Halbstrauch mit grünen Stengeln und nadelförmigen Scheinblättern. Aus den Stengeln wachsen (im Juli) nikkende gelblich-grüne, trichterförmige Blütenglöckchen, aus denen leuchtend rote Beeren entstehen, die von Vögeln begehrt sind.

Der ausdauernde, holzige Wurzelstock mit seinen 5 m langen Wurzeln bildet jedes Jahr (im Frühjahr) neue Seitenknospen, die beim Austrieb als Spargel-

Einjährige Jungpflanzen, die im Frühjahr ins Freie gepflanzt werden.

stangen geerntet werden. Der Spargel liebt einen lockeren, sandigen Boden. Spargelanbauer müssen nach der Aussaat 3 Jahre warten, bis sie den ersten Spargel stechen können. Dafür treibt ein Wurzelstock bis zu 25 Jahre seine Schößlinge aus. Die 12 Monate alte Pflanze wird in Gräben von 40 cm Höhe und 40 cm Breite gesetzt. Der Spargel hat also viel Zeit und Raum, sich zu entwickeln. Und dennoch werden bei der ersten Ernte nur einige wenige starke Sprosse gestochen.

Zum Stechen des weißen Spargels wird ein Messer mit einer langen, schmalen Klinge benötigt.

Geerntet wird je nach Witterung und Gegend ab Ende März bis Ende Juni. Während der Erntezeit wird täglich, ob Sonne oder Regen, von früh morgens bis gegen Mittag gestochen. Die benötigten Arbeitsgeräte sind für unsere technisierte Zeit äußerst bescheiden: ein Spargelmesser mit einer langen, schmalen Klinge, eine Glättekelle, um die Öffnung wieder zu schließen, und eine Holzkiste. Dem Ungeübten wird es am frühen Morgen, wenn er über ein Spargelfeld blickt, kaum gelingen, einen reifen Spargeltrieb ausfindig zu machen. Will man, daß auch das Köpfchen des gestochenen Spargels weiß und nicht rötlich/violett verfärbt ist, dann muß die Stange geerntet werden, solange sie sich in der Erde verborgen und vor Licht geschützt hält. Es braucht einen geübten Blick, will man die Stellen im Damm erkennen, wo der Trieb aus dem Erdreich drängt. Genau dort wird das Messer angesetzt und der Spargel vom Wurzelstock getrennt. Mit der Kelle wird alsdann die Öffnung wieder zugeschüttet.

Nach der Ernte, also Ende Juni, werden die Erdwälle eingeebnet und reichlich gedüngt. Nun darf das Kraut schießen. Es wächst ein stattlicher Busch heran. Das Blattwerk dient der Assimilation und der Bildung von Reservestoffen.

Sobald der Spargel die Erde hochdrückt und eine Bruchstelle sichtbar wird, kann er geerntet werden. Mit der Hand oder einer kleinen Schaufel wird die Stange vorsichtig freigelegt. Spargelstechen in Bruchsal/Baden-Württemberg (D).

Der Grünspargel

Der Grünspargel verdankt sein grünes Aussehen der Lichteinwirkung (Chlorophyllbildung). Amerikaner, Italiener und Franzosen haben den delikaten Sproß schon vor Jahrzehnten entdeckt. In unseren Küchen fristete er lange Zeit ein ‹Mauerblümchen-Dasein›. Und dies, obwohl er bezüglich Geschmack nicht weniger aromatisch als der weiße Spargel ist. Das hat sich geändert. Seit Beginn der siebziger Jahre ist der grüne Spargel nun auch bei uns im Vormarsch.

Beim weißen Spargel verursachen vor allem die arbeitsintensive Produktion und Ernte den hohen Preis. Der grüne Spargel hat diesen Nachteil nicht. Weder braucht er einen Erdwall, noch muß er in der Erde gestochen werden. Die Spargelstange wird mit einem scharfen Messer direkt über dem Boden gestochen.

*Abbildung oben:
Reif für die Ernte: der grüne Spargel
wird direkt über dem Boden
gestochen.*

*Abbildung unten:
Grüner Spargel: Humusreicher Boden
und etwas Kompost genügen. Die
Beete werden nicht angehäuft.*

Der Wild- oder Waldspargel

Der hübsche kleine Sproß ist von delikatem, leicht bitterem Geschmack. Daß er sich bezüglich Aroma vom grünen und weißen Spargel abgrenzt, hat seinen guten Grund. Der Wildspargel gehört nämlich nicht zur Familie der Asparagus. Er ist ein Ornithogalum (Vogelsmilch auf griechisch), dessen Sorte ‹pyrenaicum› im Osten Frankreichs gleich einem Unkraut gedeiht. Der Wildspargel, auch Waldspargel, Ährige Rapunzel, Ährige Teufelskralle, Feldrapunzel genannt, wächst in Regionen unterhalb 1000 m ü. M. in feuchtem Unterholz, in Laub- und Eichenhochwäldern, aber nie im trockenen Nadelwald.

Der Wildspargel, wegen seines dünnen Stiels auch Streichholz-Spargel genannt, sieht dem grünen Spargel sehr ähnlich. Er hat einen aufrechten, unverzweigten Stengel mit herzförmigen grundständigen Blättern und kleinen, lanzettförmigen Stengelblättern. Die geschlossenen, noch grünen Blütenknospen können Ende April bis anfang Juni, je nach Region und Wetter, geerntet werden. Die Saison ist kurz. Sie dauert nur 3 bis 4 Wochen. Wer den Waldspargel kennenlernen will, muß Kalender und Wetter gut überwachen.

Der delikate Geschmack des Wildspargels hat die Herzen vieler französischer Spitzenköche erobert. Und wie bei so manchem, das entdeckt wurde: der im traditionellen Spargelland üppig wachsende Wildspargel erfreut sich heute über die Landesgrenzen hinaus so gro-ßer Beliebtheit, daß die Natur in ‹Verzug› geriet. Dem wurde Abhilfe geschaffen. Es gibt mittlerweile kultivierten Wildspargel aus Italien und Frankreich, der dem wildwachsenden in nichts nachsteht. Gekauft werden kann er beim Gemüsehändler, in Feinkostläden und in manchem Supermarkt.

Der Spargel – eine Heilpflanze

Bevor der Spargel im 18. Jh. als Nahrungsmittel wiederentdeckt wurde, galt er als wichtige Heilpflanze. In Kloster- und Apothekergärten wurde er gehegt und gepflegt. Auch im Benediktinerkloster St. Gallen pflanzte man Spargel für Apotheken, die für sich so etwas wie ein Monopol in Anspruch nahmen. Verabreicht wurde der ‹Apothekerspargel› für ‹Reinigungskuren› bei Übergewicht.

Adamus Lonicerus (1528–1586) empfahl den in Wein gegarten und mit Essig und Butter zubereiteten Spargel als harntreibendes Mittel. Die ‹liebliche Speise für Müssiggänger› verordnete er bei Leberstörungen, Gelbsucht, Nieren- und Blasenleiden. ‹Der Safft vom Kraute im Munde gehalten, benimmt das Zahnweh›, berichtet Lonicerus in seinem Kräuterbuch. In der Volksmedizin galt der Spargel als ein gutes Mittel bei Steinleiden, Harnverhalten, Herzklopfen, Husten mit blutigem Auswurf, Rheumatismus, Gicht, Impotenz, Milz- und Leberleiden. Der Spargel war ein Allheilmittel.

Der Spargel – auch in Liebestränken

Jakobus Theodorus Tabernaemontanus, Leibarzt von Johann Casimir und Schüler Bocks, gibt in seinem 1588 erschienenen Kräuterbuch bezüglich aphrodisierender Wirkung des Spargels folgenden Ratschlag: ‹Nimb Spargenwurtzel und Pfefferkümmel, jedes gleich viel. Stoß diese beyde zu einem subtielen Pulver, und gibt darvon eins quintleins schwer mit fürnem wein zu trincken, es hilfft bald. Gemeldte Arzeney fürdert auch die ehelichen Werck›.

Der Spargelsaft war Bestandteil vieler Liebeselixiere. Im 17. Jahrhundert soll ein Mittel aus Spargel, Krebsschwänzen, Fischrogen, Maulwurfsblut und der Zunge einer Turteltaube gebraut worden sein. Die Abkochung wurde bei Neumond dreimal filtriert und anschließend mit Pfeffer, Moschus und Ambra gewürzt. Die Frau gab dem Mann ihrer Wahl heimlich drei Tage hintereinander je drei Tropfen ins Essen. Das Mittel sollte die Liebe entfachen oder erhalten.

Spargelfeld in der Provence nach der Ernte im Sommer/Spätsommer: Die Pflanze produziert nun Laub für die Assimilation und die Bildung von Reservestoffen.

Der Spargel – seine Inhaltsstoffe

Der Spargel enthält zwischen 93 und 95% Wasser. Der Rest entfällt auf Rohfasern, Asparagin, Tyrosin, Zitronen-, Apfel- und Bernsteinsäure, Purine, Zukker Vanillin, Penosane, Mineralstoffe (Kalium, Magnesium, Kalzium, Phosphor), Vitamine (Karotin, B-Vitamine, Vitamin E und C). Bemerkenswert ist der hohe Kalium- und niedrige Natriumgehalt.

Die Spargelwurzel (nicht mit dem Sproß zu verwechseln) enthält Asparagin, Asparagose, Arginin, Cholin, Mannane, Penosane, Galaktane, Tyrosin, Bernsteinsäure, Saponine, Falvonoide (Rutin) und ein wenig Zucker.

Der Spargel – eine vorzügliche Diätkost

Der Spargel wird heute aufgrund seiner Zusammensetzung als unterstützende Medizin bei Wassersucht, Blasen- und Nierenleiden, Harnverhalten und Blasenentzündung verordnet. Er fördert den Appetit und hat eine leicht abführrende Wirkung.

Da der Spargel kaum Fett und kein Cholesterin enthält, ist er besonders Kranken mit erhöhten Blutfettwerten zu empfehlen. Von seiner entwässernden Wirkung profitieren auch Menschen mit zu hohem Blutdruck. Diabetiker können Spargel ohne Bedenken essen (400 g Spargel = 1 BE). 100 g Spargel enthalten 14 kcal bzw. 58 kJ.

Achtung: Der Spargel enthält Purine (35 mg/100 g). Diese werden im Körper zu Harnsäure abgebaut. Gichtkranke müssen also vorsichtig sein. Wichtig ist viel Flüssigkeit. Durch eine vermehrte Wasserausscheidung und die Alkalisierung des Harns (vegetarische Ernährung erzeugt alkalischen Harn) wird eine gute Wiederausscheidung der Harnsäure gewährleistet.

Der Spargel – Auslöser von Allergien

Manche Menschen reagieren auf Spargel allergisch. Schon bei Berührung kommt es zu einem Hautausschlag. Im Volksmund nannte man diese Unverträglichkeit ‹Spargelkrätze›. Keinen Spargel sollte man bei Nierenentzündung und Nierensteinen essen.

Spargel – einkaufen und lagern

Je frischer, desto besser, lautet die Devise. Frischeprädikate sind das Köpfchen, das Schnittende und die Haut. Das Schnittende soll saftig, nicht holzig, verfärbt oder schimmlig sein. Ritzt man das Ende mit dem Fingernagel auf, soll beim weißen Spargel aromatisch duftender, keinesfalls sauer riechender Saft austreten. Das Köpfchen muß geschlossen, die Haut straff, die Stange fest sein. Es ist durchaus erlaubt, beim Kauf von gebündeltem, in Papier eingewickeltem Spargel eine ‹Frischekontrolle› zu machen, indem man einen Blick in die Hülle wirft. Ein violettes Köpfchen beim weißen Spargel hat weder etwas mit der Qualität noch mit der Frische zu tun. Dieses Köpfchen hatte zum Zeitpunkt des Spargelstechens die Erde bereits durchbrochen und war dem Licht ausgesetzt.

Die Stangen von weißem wie von grünem Spargel können unterschiedlich dick sein. Mit der Qualität hat dies nichts zu tun, obwohl dicke Spargelstangen häufig teurer angeboten werden. Übrigens: sowohl dünne als auch dicke Spargelstangen können holzig sein, da hilft dann auch langes Garen nichts. Die Lieferanten von gebündeltem Spargel bemühen sich im großen und ganzen, Spargel von gleicher Dicke zu bündeln (gleiche Garzeit). Beim Kauf von ‹Offenware› ist man bezüglich Dicke frei und kann den Spargel kaufen, der für das entsprechende Rezept am idealsten ist. Wichtiger als die Spargeldicke ist aber in jedem Fall die Qualität.

Frischer Spargel darf im Kühlschrank 2 bis 3 Tage aufbewahrt werden. Damit das Gemüse nicht zuviel Feuchtigkeit verliert, wickelt man es am besten in ein feuchtes Tuch ein.

Spargel vorbereiten (putzen)

● Spargel unter fließendem Wasser waschen (keinesfalls im Wasser liegen lassen) und abtropfen lassen.

● Weißen Spargel mit einem Schälmesser, Spar- oder Spargelschäler schälen. Man beginnt unterhalb des Köpfchens, dabei den Schäler in der oberen Hälfte nur einmal ansetzen, in der unteren Hälfte solange, bis die holzigen Teile ‹weggehobelt› sind. Schnittstelle großzügig kappen (Schalen und Spargelenden für eine Brühe/einen

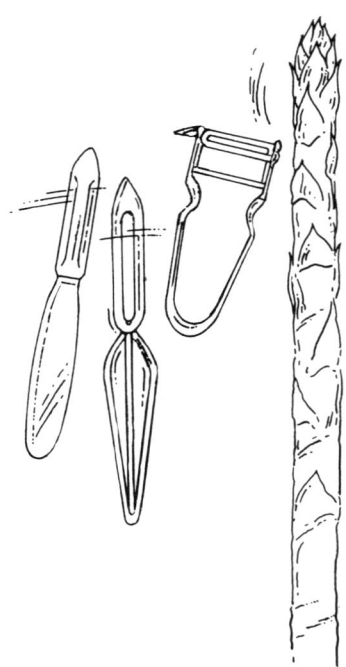

Zeichnung 1: Schälmesser, Spargelschäler, Sparschäler

Fond verwenden, Seite 28). Zeichnung 1

● Bei normalem bis mittelfeinem grünem Spargel das untere Drittel mit einem Schälmesser, Spar- oder Spargelschäler schälen. Schnittstelle kappen (Schalen und Spargelenden für eine Brühe/einen Fond verwenden, Seite 28). Zeichnung 2

● Bei sehr feinem grünem Spargel wie auch bei Wildspargel Schnittstelle durch leichtes Biegen der Stange abbrechen. Spargel nicht schälen. Zeichnung 3

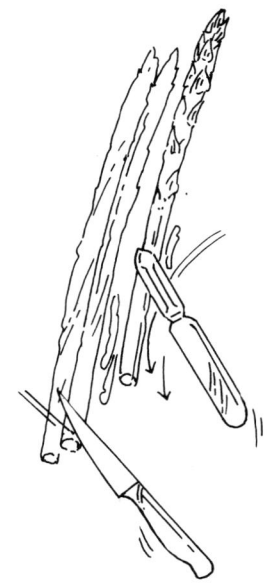

Zeichnung 3: Das Vorbereiten von grünem Spargel

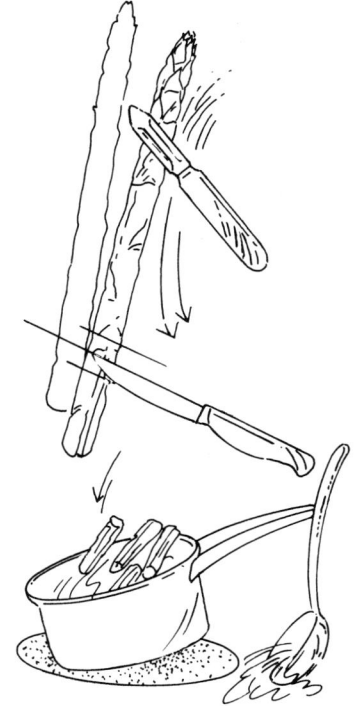

Zeichnung 2: Das Vorbereiten von weißem Spargel

Zeichnung 4: Das Vorbereiten von Wildspargel

Spargel schonend garen

Das Zubereiten von Speisen im aufstei-
genden Dampf ist eine uralte Kochmethode, die z.B. von den Chinesen in ein-
fachsten Bambuseinsätzen seit alters
her praktiziert wird. Diese Zuberei-
tungsart ist einfach, gesund und
schmackhaft. Da das Kochgut nicht mit
Wasser in Berührung kommt, bleiben
Aussehen, Geschmack und Mineralstoffe weitgehend erhalten. Das
Dampfgaren kommt ohne Salz aus. Für
die Zubereitung von Spargel gibt es
keine bessere Kochmethode als das
Dampfgaren.

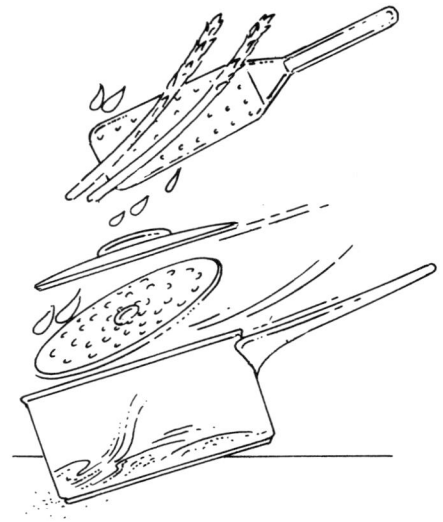

Siebeinsatz für das Dampfgaren

Zum Dampfgaren eignet sich neben
einem Vapeur/Steamer (kochherdun-
abhängig, nach Gebrauchsanweisung
vorgehen) auch ein ganz normaler
Kochtopf. Topf- und Deckelrand müssen paßgenau aufeinanderliegen. Not-
wendig ist zudem ein Siebeinsatz oder
-aufsatz. Beim Siebeinsatz ist darauf
zu achten, daß nur so wenig Wasser
eingefüllt wird, daß der Spargel mit
dem Kochwasser nicht in Berührung
kommt. Verwendet man einen Siebaufsatz, darf das Wasser großzügiger
bemessen sein (ca. $\frac{1}{2}$ l). Sobald das
Wasser kocht – beim Siebeinsatz wie
beim Siebaufsatz –, ist der Spargel bei
schwacher Hitze zu garen. Siebeinsatz:
Wasserstand nach halber Garzeit kon-
trollieren und allenfalls wenig heißes
Wasser nachgießen.

Siebaufsatz für das Dampfgaren

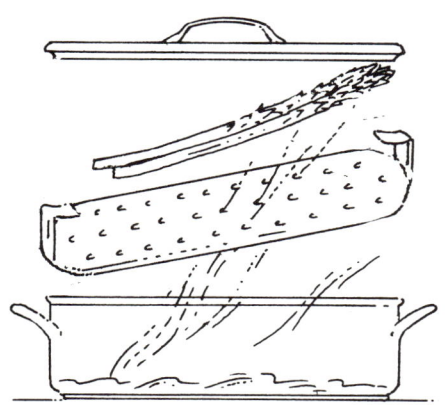

Spargelpfanne mit Siebaufsatz

Garzeiten:

Weißer Spargel:
je nach Dicke,
25 bis 35 Minuten

Grüner Spargel:
je nach Dicke,
10 bis 15 Minuten

Wildspargel:
5 Minuten

*Sigg Vapeur,
das ideale Gerät für
das Dampfgaren.
Mit integrierter
Heizung in der
Bodenfläche.*

Küchen-ABC

Aceto Balsamico
Italienischer Essig, hergestellt aus Rotwein und unvergorenem Traubensaft. Der Essig wird 2 bis 4 Jahre in Eichenfässern gelagert. Mildes, leicht süßliches Aroma. Ideal für Blattsalat.

Blanchieren, Gemüse
Das Gemüse wird durch kurzes Überwallen mit kochendem Wasser und anschließendem Abschrecken unter kaltem Wasser für die weitere Verarbeitung geschmeidiger gemacht (z.B. Hüllblätter).

Brunoise
Kleinste Gemüsewürfelchen. Gemüse in 5 cm lange Stücke schneiden und diese längs in zündholzdicke Stäbchen. aus den Stäbchen Würfelchen schneiden.

Crème double/Doppelrahm
Extradicke(r) Sahne/Rahm. Fettgehalt 45% und mehr. Zum Verfeinern und Binden von Saucen, Suppen und Süßspeisen.

Crème fraîche
Sauermilchprodukt. Fettgehalt 30 bis 40%. Kann durch sauren Halbrahm oder saure Sahne/Sauerrahm ersetzt werden.

Einreduzieren, Brühe/Fond
Flüssigkeit im offenen Kochtopf (ohne Deckel) auf die gewünschte Menge einkochen.

Julienne
Feinste Gemüsestreifen. Gemüse in rund 5 cm lange Stücke schneiden und diese längs in zündholzdicke Stäbchen.

Keimlinge und Sprossen
Gut verdaulich. Reich an Inhaltsstoffen und hochwertigem pflanzlichem Eiweiß. Zum Keimen eignen sich Getreide (Weizen, Roggen, Nackthafer, Nacktgerste, Buchweizen) Hülsenfrüchte

(Linsen, Kichererbsen, Mungobohnen, Sojabohnen) und Samen (Alfalfa, Senf, Kresse, Sesam, Leinsamen, Rettich). Wichtig: kein Saatgut verwenden, da dieses mit Fungiziden behandelt ist.

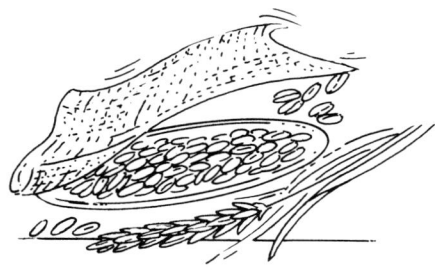

Keimlinge und Sprossen ziehen

1. Tag: Keimgut unter fließendem Wasser gründlich waschen. Für einige Stunden, Körner und Hülsenfrüchte über Nacht, in reichlich Wasser einlegen. Wasser abgießen. Keimgut in ein flaches, möglichst großes Gefäß legen (das Keimgut soll nebeneinander, nicht übereinander liegen). Schale mit einem feuchten Tuch (Baumwolle oder Leinen) decken. Bei Zimmertemperatur treiben/keimen lassen.

2. Tag: Keimgut, das größtenteils schon kleine Triebe/Keime hat, in einem Sieb mit kaltem Wasser abspülen. In das Geschirr zurückgeben. Wieder flach auslegen und mit dem feuchten Tuch decken.

3. Tag: Die nun schon recht großen Sprossen/Keimlinge mit kaltem Wasser besprühen. Das feuchte Tuch so über das Gefäß legen, daß es die Sprossen/Keimlinge nicht berührt. Am Abend des 3. Tages ist ein großer Teil der Sprossen groß genug (1,5 bis 3 cm) und kann verzehrt werden.

4. Tag (bei Bedarf): siehe 3. Tag.

Wichtig: Sprossen und Keimlinge immer frisch verzehren. Keimlinge aus Hülsenfrüchten (Linsen, Kichererbsen, Mungobohnen) unbedingt vor dem Verzehr kurz blanchieren (2 bis 3 Minuten). Die Hülsenfrüchte enthalten ungünstige, teilweise giftige Inhaltsstoffe, die durch das Blanchieren vernichtet werden.

Marinieren

Einlegen von Lebensmitteln in gewürzte Flüssigkeiten, mit dem Ziel, deren Geschmack anzunehmen.

Meersalz

Empfehlenswerter Ersatz für das Kochsalz. Meersalz wird, wie der Name sagt, aus dem Meer gewonnen. Das Salz ist reich an Mineralien und Spurenelementen. Im Handel ist auch mit Kräutern angereichertes Meersalz erhältlich.

Öl, kaltgepreßt und schonend warmgepreßt

Für Salate und Rohkost empfiehlt sich die Verwendung von kaltgepreßtem (Sonnenblumen- und Olivenöl) oder schonend warmgepreßtem Öl (Safloröl/Färberdistel, Weizenkeimöl, Kürbiskernöl, Leinsamenöl, Maiskeimöl,

Traubenkernöl). Beide Verfahren kommen ohne chemische Behandlung aus. Je schonender ein Öl hergestellt wird, desto höher ist der Gehalt an fettlöslichen Vitaminen und essentiellen Fettsäuren, desto höher aber auch der Preis. Beim Kauf Deklaration beachten. Bei Sorten ohne besondere Bezeichnung handelt es sich um extrahiertes Öl. Für dessen Produktion werden Lösungsmittel wie Benzin-Kohlenwasserstoff eingesetzt.

Spargelbrühe/-fond

Spargelabschnitte und -schalen in einen Topf geben. Mit kaltem Wasser bedecken. Wenig Weißwein dazugeben. Aufkochen und alsdann bei schwacher Hitze 15 Minuten köcheln lassen. Spargelfond durch ein Sieb abgießen. Für Saucen verwenden.

Spargelreste

Spargelreste sind vielseitig verwendbar: für Salate, zum Mischen mit Getreide, Teigwaren usw.

Überwallen

Siehe ‹Blanchieren›.

Zesten (Zitrusfrüchte)

Unbehandelte Früchte verwenden. Mit einem Zestenreißer oder mit einem Messer die Schale dünn abziehen (ohne weiße Haut). Je nach Breite Zesten zusätzlich längs in sehr dünne Streifchen schneiden.

Rezepte

Spargelsuppe mit Artischocken und Meeresfrüchten

je 4 weiße und grüne Spargel
1 ½ l Gemüsebrühe/-bouillon
wenig Koriander, gemahlen
Koriandergrün
2 EL Traubenkernöl
12 Flußkrebse oder 12 Scampi
8 kleine blaue Artischocken
Kandierte Orangen
2 unbehandelte Orangen
70 g Zucker

1. Kandierte Orangen (am Vortag machen): Mit einem Zestenreißer oder mit einem Messer die Orangenschalen dünn abziehen (ohne bittere weiße Teile). Wasser, Zucker und Zesten solange auf kleinem Feuer köcheln lassen, bis der Sirup dickflüssig ist und die Zesten kandieren. Zesten aus dem Sirup nehmen. Restlichen Sirup abstreifen, indem man die Zesten durch die Finger gleiten läßt. Orangenschalen auf einem leicht geölten Backblech nebeneinander auslegen, Außenseite oben. Schalen im Ofen bei 110 Grad rund 20 Minuten trocknen lassen. Die erkalteten Zesten sollen sich wie Glas anfühlen. Zesten auf einem Geschirrtuch mit dem Nudelholz zu Pulver verreiben. Orangenpulver in einem Glas mit Schraubverschluß aufbewahren.

2. Spargel vorbereiten: Seiten 22/23. Spargel in 3 cm lange Stücke schneiden. In der Gemüsebrühe garen (weißen ca. 30 Minuten, grünen 15 bis 20 Minuten).

3. Dem Topf ½ l Brühe entnehmen (ist für die Artischocken bestimmt). Suppe mit 1 Prise Orangenpulver, gemahlenem Koriander und dem Traubenkernöl würzen.

4. Bei den Artischocken den Stielansatz wegschneiden. Die äußeren Blätter abbrechen. Artischocken vierteln. Sofort in die bereitgestellte Spargelbrühe legen (dies ist wichtig, da sich die Artischocken rasch braun verfärben). Artischocken 4 bis 6 Minuten garen. Artischockenheu enfernen.

5. Flußkrebse oder Scampi 30 Sekunden mit kochendem Wasser überwallen. Kopf abtrennen. Das Fleisch aus dem Panzer lösen (schälen). Schwarzen Darm entfernen. Mit dem Orangenpulver würzen.

6. Artischocken und Meeresfrüchte zur Spargelbrühe geben. Aufkochen. Nach Belieben nachwürzen.

7. Spargelsuppe in vorgewärmten Suppentellern anrichten. Mit dem Koriandergrün garnieren.

8. Tip: Das restliche Orangenpulver kann zum Würzen pikanter Gerichte oder von Gebäck verwendet werden.

Abbildung rechts

Spargelpüree mit Knoblauch

4 junge ganze Knoblauchzwiebeln
800 g weißer Spargel
120 g Crème double/Doppelrahm
1 EL Zitronensaft
Salz
Pfeffer aus der Mühle

1. Ofen auf 170 Grad vorheizen.

2. Knoblauch in Zehen zerlegen. Trockene äußere Schale entfernen. Zehen nicht schälen, sondern jede einzelne gleich einem Bonbon in Alufolie wickeln. Im Ofen auf mittlerer Schiene garen.

3. Spargel vorbereiten: Seite 22. Im Dampf garen. Spargelstangen in 1 cm große Stücke schneiden.

4. Knoblauchzehen aus der Folie nehmen. Auskühlen lassen. Durch Fingerdruck auf die Zehe den Inhalt aus der Schale drücken.

5. Knoblauch und Spargel pürieren. Durch ein Spitzsieb streichen. Püree zusammen mit der Sahne erwärmen. Mit Salz, Pfeffer und dem Zitronensaft abschmecken.

Tip: Dieses herrliche Püree paßt ausgezeichnet zu Fisch in der Folie, z.B. zu einer Forelle.

Aromatische Spargelcremesuppe

2 kg weißer Spargel
1 EL Zitronensaft
3 EL Crème double/Doppelrahm
1 Prise Muskatnuß
Salz
Pfeffer aus der Mühle

1. Spargel vorbereiten: Seite 22. Spargelspitzen auf 4 cm kürzen. Restlichen Spargel klein schneiden. Spargelspitzen und kleingeschnittenen Spargel im Dampf sehr weich garen.

2. Spargelspitzen für die Garnitur auf die Seite legen. Restlichen Spargel im Mixerglas zusammen mit dem Zitronensaft pürieren. Spargelpüree durch ein Spitzsieb streichen.

3. Spargelpüree in die Pfanne zurückgeben. Erhitzen. Die Sahne unter kräftigem Schlagen mit dem Schneebesen zur Suppe geben. Mit einem Hauch Muskatnuß sowie Salz und Pfeffer abschmecken.

4. Spargelspitzen in vorgewärmten Suppentellern anrichten. Die heiße Spargelbrühe dazugießen.

Abbildung rechts

Spargelcreme
mit Morcheln aromatisiert

1 kg weißer Spargel
300 g frische Morcheln
1 EL Butter
1 Schalotte, fein geschnitten
100 ml/1 dl trockener Weißwein
3 EL Crème double/Doppelrahm
1 EL Zitronensaft
1 kleiner Bund Kerbel
Salz
Pfeffer

1. Spargel vorbereiten: Seite 22. Spargelspitzen auf 4 bis 5 cm kürzen. Restlichen Spargel klein schneiden. Spargelspitzen und kleingeschnittenen Spargel im Dampf garen.

2. Morcheln zügig in ein Gefäß mit kaltem Wasser tauchen. Pilze mit dem Schaumlöffel herausnehmen, damit der abgelagerte Sand nicht aufgewirbelt wird. Den Waschvorgang zweimal wiederholen. Schnittstellen entfernen. Pilze abtropfen lassen.

3. Schalotten in der Butter glasig dünsten. Morcheln dazugeben. 2 bis 3 Minuten dünsten. Weißwein und zerkleinerten Spargel zu den Pilzen geben. Mit Salz und Pfeffer abschmecken. Zugedeckt 5 Minuten köcheln lassen. Im Mixerglas pürieren. Püree durch ein Spitzsieb streichen.

4. Püree in den Topf zurückgeben. Aufkochen. Sahne und Zitronensaft unter kräftigem Schlagen mit dem Schneebesen zum Püree geben. Je nach Dicke, wenig Gemüsebrühe dazugeben. Spargelspitzen in der Suppe erwärmen.

5. Spargelsuppe samt Spargelspitzen in vorgewärmten Suppentellern anrichten. Mit dem Kerbel garnieren.

Rustikale Spargel-suppe mit Ziegenkäse überbacken

600 g weißer Spargel

1 EL Butter

500 g Kartoffeln, geschält, klein gewürfelt

180 g Ziegentomme

250 g Crème double/Doppelrahm

700 ml/7 dl Milch

1 Handvoll glatte Petersilie, ohne Stengel, gehackt

Salz

Pfeffer aus der Mühle

1. Spargel vorbereiten: Seite 22. Spargel in 5 mm breite Stücke schneiden und diese längs halbieren.

2. Butter erhitzen. Spargelstücke dazugeben. 3 Minuten dünsten. Kartoffeln, Milch und Crème double zum Spargel geben. Kräftig würzen. Solange bei schwacher Hitze garen, bis die Kartoffeln weich sind. Petersilie zur Suppe geben.

3. Ofen auf 230 Grad vorheizen.

4. Spargelsuppe in 4 ofenfeste Suppentassen/-töpfchen verteilen. Den Ziegenkäse in feine Scheiben schneiden. Auf die Suppe legen. Im Ofen überbacken.

Weiße Spargelsuppe mit Avocado und Sauerampfer

700 g weißer Spargel

700 ml/7 dl Gemüsebrühe/-bouillon

1 reife Avocado

4 EL Crème double/Doppelrahm

2 EL Zitronensaft

wenig Sauerampfer, fein gehackt

Salz

Pfeffer aus der Mühle

1. Spargel vorbereiten: Seite 22. Spargelspitzen auf 4 cm kürzen. Spargelreste klein schneiden. Zerkleinerten Spargel und Spargelspitzen in der Gemüsebrühe garen. Spargelspitzen herausfischen. Auf die Seite stellen.

2. Zerkleinerten Spargel samt Kochflüssigkeit in 2 Arbeitsgängen pürieren. Durch ein Spitzsieb streichen.

3. Avocado halbieren. Stein entfernen. Avocadofleisch mit einem Teil der Spargelsuppe pürieren. Zusammen mit der restlichen Suppe wieder in den Topf geben. Suppe aufkochen. Zitronensaft und Crème double unter kräftigem Rühren mit dem Schneebesen zur Spargelsuppe geben. Mit Salz und Pfeffer würzen. Sauerampfer und Spargelspitzen in der Suppe erwärmen. In vorgewärmten Suppentellern anrichten.

Klare Suppe mit weißem Spargel und frischen Erbsen

400 g weißer Spargel

2 EL Traubenkernöl

*2 Frühlingszwiebeln samt Grün,
Zwiebel fein gehackt,
Grün fein geschnitten*

1 l Hühnerbrühe/-bouillon

Salz

Pfeffer aus der Mühle

1 Prise Zucker

200 g marktfrische grüne Erbsen

1. Spargel vorbereiten: Seite 22. Spargel in 2 cm lange Stücke schneiden.

2. Zwiebeln im Traubenkernöl glasig dünsten. Spargel dazugeben. Zugedeckt 5 Minuten dünsten. Mit der Hühnerbrühe auffüllen. Mit Salz, Pfeffer und der Prise Zucker würzen. Bei schwacher Hitze ca. 30 Minuten garen. 2 bis 3 Minuten vor Garende die grünen Erbsen dazugeben.

3. Spargelsuppe in vorgewärmten Tellern anrichten. Mit dem Zwiebelgrün bestreuen.

Kalte grüne Spargelsuppe mit Kerbelspitzen

2 kg mittelfeiner grüner Spargel

Salz

Pfeffer aus der Mühle

Muskatnuß

Zitronensaft

150 g/1,5 dl Sahne/Rahm

1 kleiner Bund Kerbel

1. Spargel vorbereiten: Seite 23. Spargel in ca. 4 cm lange Stücke schneiden. Im Dampf sehr weich garen.

2. Spargel im Mixerglas portionenweise fein pürieren. Durch ein Spitzsieb streichen.

3. Spargelpüree mit Zitronensaft, Salz, Pfeffer und frisch geriebener Muskatnuß abschmecken. Gut verrühren. Wenn das Püree zu dick ist, mit kalter Gemüsebrühe verdünnen.

4. Steifgeschlagene Sahne mit Salz und Pfeffer würzen.

5. Spargelpüree in Suppentellern anrichten. Mit Hilfe von zwei Teelöffeln kleine Sahneklößchen daraufsetzen. Mit den Kerbelspitzen garnieren.

Abbildung rechts

Spargelconsommé

---

*700 g Spargelabschnitte
von weißem Spargel*

8–12 Spargelspitzen

---

1 EL Butter

Salz

---

100 ml/1 dl Weißwein

---

1 l Hühnerbrühe/-bouillon

½ Zitrone, Saft

---

1 Eiweiß zum Klären der Consommé

---

1 Bund Petersilie, fein gehackt

---

1. Am Vortag: Butter erwärmen. Vorsicht, sie darf nicht braun werden. Spargelabschnitte in der Butter dünsten. Mit wenig Salz würzen und mit dem Weißwein ablöschen. Zitronensaft und Hühnerbrühe dazugeben. Mindestens 30 Minuten köcheln lassen. Brühe durch ein Sieb gießen. Erkalten lassen. Über Nacht in den Kühlschrank stellen.

2. Fettschicht entfernen. Brühe zusammen mit dem Eiweiß unter ständigem Rühren aufkochen. Abschäumen. Eine Stunde stehen lassen. Consommé durch ein Passiertuch gießen.

3. Spargelspitzen feinfächrig aufschneiden. In der Consommé bei schwacher Hitze 10 Minuten garen.

4. Spargelspitzen in vorgewärmte Suppenteller legen. Brühe dazugießen. Mit der Petersilie bestreuen.

Jakobsmuscheln auf weißem Spargel mit Currybutter

28 mittelfeine weiße Spargel

12 große Jakobsmuscheln

2 EL Olivenöl

Sauce

25 g schwarze Oliven, entsteint, klein geschnitten

50 ml/0,5 dl Wasser

80 g Butter

½ TL Curry

Salz

Pfeffer aus der Mühle

1 Zitronenscheibe

1. Spargel vorbereiten: Seite 22. Im Dampf garen. Spargel in 7 bis 8 cm lange Stücke schneiden.

2. Bei den Muscheln die bärtigen, schwarzen Teile sorgfältig entfernen. Muscheln mehrmals in kaltem Wasser waschen. Mit Küchenpapier trocknen.

3. Für die Sauce Wasser und Currypulver aufkochen. Zitronenscheibe dazugeben. Unter ständigem Rühren mit dem Schneebesen die Butter in kleinen Portionen in das Currywasser rühren. Sauce nicht kochen. Mit Salz und Pfeffer würzen. Zerkleinerte Oliven beigeben.

4. Jakobsmuscheln im heißen Olivenöl beidseitig je 1 Minute braten. Mit Salz und Pfeffer würzen.

5. Spargel fächerartig auf vorgewärmten Tellern anrichten. Mit der Currysauce überziehen. Gebratene Muscheln auf dem Spargel anrichten.

Weißer Spargel mit Käse und Pinienkernen überbacken

28 mittelfeine weiße Spargel

5 EL Pinienkerne

100 g Parmesan, frisch gerieben

3 EL kaltgepreßtes Olivenöl

Salz

Pfeffer aus der Mühle

1. Spargel vorbereiten: Seite 22. Im Dampf garen.

2. Ofen auf 210 Grad vorheizen.

3. Längliche Ofenform mit 1 Eßlöffel Olivenöl auspinseln. Spargel in die Form legen. Pinienkerne und Parmesan locker über die Spargelstangen (Köpfe freilassen) streuen. Mit dem restlichen Olivenöl beträufeln. 15 Minuten überbacken. Einfach, aber sehr gut!

Spargelsalat mit Scampi auf Tomatenmark

---

1 Handvoll Brunnenkresse

---

500 g sehr feiner grüner Spargel

---

12 Scampi/Langustinen

Tomatenmark

---

6 feste Tomaten, sehr reif
(4 für die Garnitur)

---

1 kleine Schalotte, fein gehackt

¼ Knoblauchzehe, gepreßt

---

4 Basilikumblätter

---

1 EL kaltgepreßtes Olivenöl

Basilikumöl

---

1 Bund Basilikum

---

80 ml/0,8 dl kaltgepreßtes Olivenöl

Salz

Pfeffer aus der Mühle

---

1. Spargel vorbereiten: Seite 23. Spargel im Dampf garen. Spargelspitzen auf 7 cm Länge kürzen. Restlichen Spargel in feine Scheiben schneiden.

2. Die Tomaten für 20 Sekunden in kochendes Wasser tauchen. Haut abziehen. Stielansatz kreisförmig herausschneiden. Früchte vierteln. Kerne entfernen (für das Tomatenmark verwenden).

3. Für das Tomatenmark Kerne, 2 geviertelte Tomaten, Basilikum, Knoblauch und Schalotten fein pürieren. Nach und nach das Öl dazugeben. Tomatensauce durch ein Spitzsieb streichen. Mit Salz und Pfeffer würzen.

4. Kresse waschen.

5. Für das Basilikumöl Basilikumblätter ablesen. Zusammen mit dem Öl fein pürieren. Mit Salz und Pfeffer abschmecken.

6. Scampi 30 Sekunden im kochenden Wasser überwallen. Kopf abtrennen. Fleisch aus dem Panzer lösen (schälen). Darm entfernen. Scampi mit Küchenpapier trocknen. Im heißen Öl 30 Sekunden kräftig braten. Mit Salz und Pfeffer würzen.

7. Mit dem Tomatenmark auf den Tellern einen Spiegel machen. Spargelspitzen im Halbkreis anordnen. Tomatenviertel gemäß Bild auf den Teller legen. Spargelscheibchen und Kresse mit 1 Eßlöffel Basilikumöl mischen. In die Tellermitte geben. 3 Scampi zwischen die Tomatenviertel legen. Scampi und Tomaten mit wenig Basilikumöl beträufeln. Sofort servieren.

Abbildung rechts

Terrine mit grünem Spargel und kleinem Frühlingssalat

---

300 g Hummer, gekocht, grob zerkleinert

---

80 g Lachsfilet, grob geschnitten

---

1 Ei

---

1 TL kalte Butter

---

180 g/1,8 dl Sahne/Rahm, sehr kalt

---

2 große weiße Spargel

---

100 g große Spinatblätter

Salat

200 g Schnittsalat

---

500 g grüner Spargel

Schnittlauchöl

30 g Schnittlauch, fein geschnitten

---

100 ml/1 dl Traubenkernöl

Salz und Pfeffer

---

1. Hummer, Lachs und Ei im Mixerglas fein pürieren. Mit Salz und Pfeffer abschmecken. Fischmasse 30 Minuten kühlen. Nach und nach die sehr kalte Sahne und die Butter unter kräftigem Rühren zur Fischmousse geben. Kalt stellen.

2. Spargel vorbereiten: Seiten 22, 23 und 25. Spargel nach Garzeit gestuft in den Topf geben und im Dampf garen.

3. Spinatblätter 5 Sekunden blanchieren. Unter kaltem Wasser abschrecken. Blätter auf einem Küchentuch ausbreiten und trocknen lassen.

4. Eine Terrinenform von ca. 20 cm Länge gut einbuttern. Mit den Spinatblättern auskleiden. Die Blätter sollen 3 cm über den Rand reichen. Die Hälfte der Masse in die Form füllen. Glatt streichen. Weißen Spargel auf die Mousse legen. Restliche Masse einfüllen. Glatt streichen und andrücken. Spinatblätter darüberschlagen. Mit einer gebutterten Alufolie decken.

5. Ofenfesten Topf mit einem Geschirrtuch auslegen. Terrinenform in den Topf stellen. Bis zu 2/3 mit handwarmem Wasser füllen. Terrine im vorgeheizten Ofen bei 120 Grad 35 Minuten pochieren. Auskühlen lassen. Für 8 Stunden kühl stellen.

6. Schnittlauch mit 1 Prise Salz und dem Traubenkernöl pürieren.

7. Blattsalat waschen. Gut abtropfen lassen.

8. Terrinenform kurz in heißes Wasser tauchen. Rand mit dem Messer lösen. Terrine auf eine Unterlage stürzen. 8 Scheiben von ca. 1,5 cm Dicke schneiden.

9. Grünen Spargel und Blattsalat auf Tellern anrichten. Mit dem Schnittlauchöl beträufeln. 2 Terrinenscheiben dazugeben.

Abbildung rechts

Gebackener Spargel auf weißer Sauce mit geeistem Gazpacho

Gazpacho

300 g zarter Frühlingsspinat

5 EL Traubenkernöl

150 g Eiswürfel

4 EL Wasser

Salz

Pfeffer aus der Mühle

Gebackener Spargel

12 mittelgroße weiße Spargel

2 EL Mehl

1 Ei

1 TL Öl

1 EL Wasser

wenig Semmelbrösel/Paniermehl

wenig Butter und Öl zum Braten

Sauce

180 g saure Sahne/Sauerrahm

Salz

Pfeffer aus der Mühle

½ Zitrone, Saft

1. Für den Gazpacho Spinat blanchieren (10 Sekunden mit kochendem Wasser überwallen). Unter kaltem Wasser abschrecken und abtropfen lassen.

2. Spinat, Eiswürfel, 1 Prise Salz und 1 Umdrehung frischen Pfeffer in das Mixerglas geben. Fein pürieren. Wasser und Öl nach und nach dazugeben. Maschine während 4 bis 5 Minuten auf niedriger Stufe laufen lassen. Gazpacho durch ein Spitzsieb streichen. Nach Belieben nachwürzen. Kühl stellen.

3. Spargel vorbereiten: Seite 22. Im Dampf nicht zu weich garen. Auskühlen lassen. Spargel halbieren.

4. Ei, Öl und Wasser verquirlen. Spargel im Mehl wenden. Überschüssiges Mehl abklopfen. Spargel in die Eimischung tauchen. In den Semmelbröseln drehen.

5. Spargel in der Butter-Öl-Mischung unter öfterem Wenden braten. Würzen.

6. Für die Sauce saure Sahne und Zitronensaft verquirlen. Mit Salz und Pfeffer abschmecken.

7. Mit der Sauce auf den Tellern einen Spiegel machen. Spargel anrichten. Gazpacho in einer Suppentasse separat servieren.

Abbildung rechts

Wildspargel mit gebackenem Salbei und Basilikum

Teig

300 ml/3 dl helles Bier

1 Ei

150 g Weizenmehl, sehr fein gemahlen

3 EL Olivenöl

Salz

Wildspargel

800 g Wildspargel oder sehr feiner grüner Spargel

1 Bund Basilikum

1 Bund Salbei

2 unbehandelte Zitronen, Saft

2 EL Mehl

Öl zum Fritieren

1. Für den Teig Bier, Eigelb und Salz mit dem Schneebesen kräftig schlagen. Nach und nach das Mehl und das Olivenöl dazugeben. Es soll ein flüssiger Teig entstehen. Das Eiweiß zu Schnee schlagen. Eischnee sorgfältig unter den Teig heben.

2. Spargel vorbereiten: Seite 23.

3. Salbei und Basilikum unter fließend kaltem Wasser waschen. Blätter ablesen. Auf Küchentuch trocknen lassen.

4. Fritieröl auf 170 Grad erhitzen. Blätter zuerst im Mehl wenden, dann in den Ausbackteig tauchen. Im heißen Öl 30 Sekunden fritieren. Nicht zuviel Fritiergut aufs Mal ins Öl geben, damit es nicht zusammenklebt. Blätter auf Haushaltpapier abtropfen lassen. Bis zum Verzehr auf der Türe des vorgeheizten Ofens warm stellen.

5. Spargel in den Ausbackteig tauchen. Goldgelb fritieren. Auf Haushaltpapier abtropfen lassen. Bis zum Verzehr auf der Türe des vorgeheizten Ofens warm stellen.

6. Fritiergut vor dem Servieren mit einigen Spritzern Zitronensaft aromatisieren.

Roher grüner Spargel-salat mit marinierten Jakobsmuscheln

Jakobsmuscheln
12 sehr frische Jakobsmuscheln
1 EL Zitronensaft
3 EL kaltgepreßtes Olivenöl
grobes Meersalz
Pfeffer aus der Mühle
Grüner Spargelsalat
20 mittelfeine grüne Spargel
1 EL Zitronensaft
3 EL kaltgepreßtes Olivenöl
1 Bund Schnittlauch, fein geschnitten
1 mittelgroße Schalotte, fein gehackt
Pfeffer aus der Mühle

1. Für die Muscheln Zitronensaft und Olivenöl mit dem Schneebesen verquirlen. Marinade auf 4 flache Teller verteilen. Mit einigen Meersalzkörnern und einer Umdrehung Pfeffer würzen. Jakobsmuscheln dritteln. Kreisförmig auf Tellern anrichten. Mit dem Schnittlauch bestreuen.

2. Teller mit Plastikfolie decken. Muscheln im Kühlschrank 4 Stunden marinieren.

3. Spargel vorbereiten: Seite 23. Spargel in 4 cm lange Stücke schneiden. Stücke längs in feine Scheiben schnei-den und diese wiederum in 2 bis 3 Teile (Julienne). Zitronensaft und Olivenöl verquirlen. Würzen. Zwiebeln, Schnittlauch und Spargel dazugeben. Vorsichtig mischen.

4. Spargelsalat in die Mitte der vorbereiteten Teller geben. Mit Toast servieren.

Grüner Spargelsalat mit Sesam

1 kg mittelfeiner grüner Spargel
Sauce
4 EL Sake (Reiswein)
4 EL Sesamöl
2 EL Sojasauce
2 EL Sesamsamen
Salz

1. Spargel vorbereiten: Seite 23. Spargel im Dampf garen. Spargel in 5 bis 6 cm lange Stücke schneiden.

2. Für die Sauce sämtliche Zutaten verrühren. Mit dem Spargel mischen.

Tip: Dieser Salat kann sowohl kalt wie lauwarm gegessen werden. Mit dem lauwarmen Salat harmoniert ein gedämpfter Fisch ausgezeichnet.

Grüner Spargel
mit Vinaigrette

40 mittelfeine grüne Spargel

Sauce

180 g saure Sahne/Sauerrahm

2 EL Apfelessig

1 EL Traubenkernöl

2 TL Estragon, fein gehackt

2 EL Kapern

Salz

Pfeffer aus der Mühle

1. Spargel vorbereiten: Seite 23. Spargel im Dampf garen. Spargelspitzen auf 8 cm kürzen. Restlichen Spargel sehr fein schneiden.

2. Saure Sahne, Essig und Öl mit dem Schneebesen verquirlen. Estragon, feingeschnittenen Spargel und die Hälfte der Kapern dazugeben. Mit Salz und Pfeffer würzen.

3. Spargelspitzen in wenig Butter schwenken.

4. Spargelspitzen auf einer Tellerhälfte anrichten. 1 Eßlöffel Vinaigrette daneben plazieren. Restliche Sauce separat servieren.

Spargelsalat
mit Sommertrüffeln

1 kg Wildspargel oder grüner Spargel

200 g Portulak

4 schöne Sommertrüffel, je 40 g

Vinaigrette

4 EL Balsamico-Essig

6 EL kaltgepreßtes Olivenöl

1 Schalotte, fein geschnitten

1 Zweig Estragon, fein geschnitten

Salz

Pfeffer aus der Mühle

1. Spargel vorbereiten: Seite 23. Spargel im Dampf garen. Die Spitzen auf 7 cm Länge kürzen. Spargelreste in feine Scheiben schneiden.

2. Portulak waschen.

3. Vinaigrette zubereiten.

4. Trüffel bürsten, eventuell waschen, putzen. Pilze in möglichst dünne Scheiben schneiden. Mit 2 Eßlöffeln Vinaigrette und einigen Spargelscheibchen mischen.

5. Spargelspitzen strahlenförmig auf Tellern auslegen. Portulak in die Mitte geben. Trüffel auf dem Portulak anrichten. Mit der Vinaigrette einen Kreis ziehen (siehe Abbildung).

Abbildung rechts

Weißer Spargel mit Auberginen und Oliven

32 weiße Spargel
300 g Auberginen (Eierfrüchte)
1 EL Salz
1 EL kaltgepreßtes Olivenöl
1 Knoblauchzehe, gepreßt
wenig Zitronensaft
25 g schwarze Oliven, entsteint
Sauce
50 ml/0,5 dl Wasser
1 TL Anis
80 g Butter
1 EL kaltgepreßtes Olivenöl
wenig Zitronensaft
25 g schwarze Oliven, entsteint, gehackt
Salz
Pfeffer aus der Mühle
4 kleine Dillzweige, als Garnitur

1. Spargel vorbereiten: Seite 22. Im Dampf garen. Spargel quer halbieren.

2. Auberginen mit dem Sparschäler schälen. Haut in feine Julienne schneiden, Fleisch in 1 cm große Würfel. Auberginenwürfel in einer Schüssel mit 1 Eßlöffel Salz mischen. 15 Minuten ziehen lassen. Flüssigkeit abgießen. Würfel und Julienne im Dampf 3 bis 5 Minuten garen.

3. Auberginenwürfel im Olivenöl zusammen mit dem Knoblauch dünsten. Mit Salz und Pfeffer würzen. Die Oliven dazugeben. Mit einem Spritzer Zitronensaft abschmecken.

4. Für die Sauce das Wasser und den Anissamen aufkochen. Unter ständigem Rühren die Butter, das Olivenöl und 1 Spritzer Zitronensaft dazugeben. Mit Salz und Pfeffer würzen. Sauce durch ein Spitzsieb gießen. Gehackte Oliven beigeben.

5. Spargel auf flachen Tellern strahlenförmig anrichten. Auberginenwürfel in die Mitte geben. Mit der Anissauce beträufeln. Julienne und Dill als Garnitur verwenden.

Grüner Spargel
an Joghurt-Kräutersauce

28 mittelfeine grüne Spargel

Kräutersauce

2 Bio-Joghurt natur

1 EL kaltgepreßtes Olivenöl

1 EL Balsamico-Essig

1 Knoblauchzehe, gepreßt

1 kleine Schalotte, fein geschnitten

frische Kräuter, z.B. Kerbel, Estragon, Petersilie und Schnittlauch

Salz

Pfeffer aus der Mühle

1. Kräuter waschen. Gut abtropfen lassen. Grobe Stiele entfernen. Kräuter fein hacken. Sämtliche Saucenzutaten verrühren. Mit Salz und Pfeffer abschmekken. Sauce 1 Stunde kalt stellen.

2. Spargel vorbereiten: Seite 23. Im Dampf garen. Spargelspitzen auf 7 bis 8 cm kürzen. Restlichen Spargel in feine Scheiben schneiden.

3. Spargelspitzen strahlenförmig auf den Tellern anrichten. Spargelscheibchen in die Mitte geben. Mit der Kräutersauce überziehen. Mit Toastbrot servieren.

Abbildung rechts:
Entenleber mit Wildspargel

Entenleber
mit Wildspargel
auf Rotweinsauce

400 g Enten- oder Geflügelleber

400 g Wildspargel oder 400 g grüner Spargel

100 ml/1 dl Glühwein

50 ml/0,5 dl roter Portwein

1 TL Apfelessig

Salz

Pfeffer aus der Mühle

1. Leber säubern. Mit Küchenpapier trocknen. In 8 Scheiben von ca. 15 mm Dicke schneiden.

2. Spargel vorbereiten: Seite 23.

3. Portwein auf die Hälfte einreduzieren. Glühwein und Essig beigeben. Wenig einköcheln lassen.

4. Wildspargel während 3 bis 5 Minuten, grünen Spargel 10 bis 15 Minuten im Dampf garen.

5. Leber im heißen Öl beidseitig kurz und kräftig anbraten (je 40 Sekunden). Mit Salz und Pfeffer würzen.

6. Mit einem Teil der Sauce auf vorgewärmten Tellern einen Spiegel machen. Leber darauf anrichten. Restliche Sauce über die Leber träufeln. Spargel gemäß Bild anrichten. Mit dem Bratenjus der Leber beträufeln.

Weißer Spargel mit Tomatenvinaigrette

28 mittelfeine weiße Spargel

Vinaigrette

6 mittelgroße feste Tomaten

2 EL Sherryessig

2 Prisen Salz

8 EL kaltgepreßtes Olivenöl

2 Prisen Zucker

Pfeffer aus der Mühle

10 Basilikumblätter

Basilikumblätter für die Garnitur

1. Tomaten in kochendes Wasser tauchen. Haut abziehen. Stielansatz kreisförmig herausschneiden. Früchte vierteln. Kerne samt gallertartigem Teil entfernen. Tomatenviertel in ein Sieb legen. Mit wenig Salz bestreuen (zum Entwässern). 10 Minuten stehen lassen. Tomaten würfeln.

2. In einer kleinen Schüssel 2 Prisen Salz im Sherryessig auflösen. Unter Rühren das Öl dazugeben. Mit dem Zucker und dem Pfeffer abschmecken. Basilikum fein schneiden. Zusammen mit den Tomatenwürfelchen zur Vinaigrette geben.

3. Spargel vorbereiten: Seite 22. Im Dampf garen.

4. Heißen Spargel auf vorgewärmten Tellern anrichten. Vinaigrette darauf verteilen. Mit einigen Basilikumbättern garnieren.

Tip: Spargel mit dünnen Rohschinkenscheiben servieren.

Lachsforellenköpfchen auf weißem Spargel

für 4 Soufflé-Förmchen

Lachsforellenköpfchen

250 g Lachsforellen

180 g/1,8 dl Sahne/Rahm

1 Ei

1 Msp Cayennepfeffer

1 EL Butter, zum Ausbuttern der Förmchen

Spargel

28 mittelfeine weiße Spargel

2 EL saure Sahne/Sauerrahm

Salz

Pfeffer aus der Mühle

1. Soufflé-Förmchen ausbuttern. Kalt stellen.

2. Ofen auf 120 Grad vorheizen.

3. Fisch, Ei, Salz und Pfeffer pürieren. Nach und nach die sehr kalte Sahne zum Fisch geben. Mixer dabei laufen lassen. Die Fischmasse soll sehr geschmeidig werden. Eventuell nachwür-

zen. Masse in die Soufflé-Förmchen verteilen.

4. Eine ofenfeste Form mit einem Küchentuch auslegen. Soufflé-Förmchen in die Form stellen. Auf ¾ Förmchenhöhe mit handwarmem Wasser füllen. Form mit Alufolie decken. Forellenlachsköpfchen im Ofen auf mittlerer Schiene 35 Minuten pochieren.

5. Spargel vorbereiten: Seite 22. Im Dampf garen. Spargelspitzen auf 10 cm Länge kürzen. Restlichen Spargel sehr klein schneiden. Zusammen mit der sauren Sahne pürieren. Spargelpüree mit Salz und Pfeffer würzen. Durch ein Spitzsieb streichen. Aufkochen.

6. Spargel auf vorgewärmten Tellern fächerartig anrichten, dabei die untere Tellerhälfte, dort wo die Spargelstangen zusammenstossen, für das Forellenköpfchen frei lassen. Souffléförmchen kurz in heißes Wasser tauchen. Rand mit dem Messer lösen. Köpfchen auf den Teller stürzen. Mit dem heißen Spargelpüree überziehen.

Spargel mit Gemüsetatar

500 g weißer Spargel

500 g grüner Spargel

Gemüsetatar

*200 Gemüse
(Stauden-/Stangensellerie, junge
Möhren/Karotten, Kohlrabi, Zucchini),
in Brunoise*

250 g Crème fraîche

*1 Handvoll junger Spinat,
in feine Streifen geschnitten*

Tabascosauce

einige Spritzer Zitronensaft

1 Msp Sambal Oelek

Salz

Pfeffer aus der Mühle

1. Spargel vorbereiten: Seiten 22 und 23. Im Dampf garen. Grünen Spargel nach halber Garzeit zum weißen Spargel geben. Spargel auf 10 cm kürzen. Restlichen Spargel in feine Scheiben schneiden und diese je nach Größe halbieren oder vierteln.

2. Für das Tatar das Gemüse putzen. In kleinste Würfelchen (Brunoise) schneiden.

3. Sämtliche Saucenzutaten (ohne das Gemüse) gut verrühren. Die Hälfte Gemüsewürfelchen, den kleingeschnit-

Fortsetzung Seite 56

tenen Spargel und die Spinatstreifen mit der Sauce mischen.

4. Spargel strahlenförmig auf Tellern anrichten, 1 grüner Spargel, 1 weißer Spargel usw. Gemüsetatar in die Mitte geben. Restliche Gemüsewürfelchen über den Spargel streuen.

Spargel mit Kräutersauce

1 kg weißer Spargel

Kräutersauce

200 g saure Sahne/Sauerrahm

1 EL Zitronensaft

1 Ei, gekocht

2 Bund Schnittlauch, fein geschnitten

1 Sträußchen Kerbel, fein gehackt

Salz

Pfeffer aus der Mühle

1. Spargel vorbereiten: Seite 22. Im Dampf garen. Warm stellen.

2. Saure Sahne und Zitronensaft gut verrühren. Übrige Zutaten dazugeben. Abschmecken.

3. Spargel auf vorgewärmten Tellern anrichten. Sauce separat servieren.

Marinierter weißer Spargel

32 weiße Spargel

Marinade

6 EL Spargelbrühe (Rezept Seite 28)

1 EL Apfelessig

1 EL Estragon, sehr fein gehackt

1 EL Orangensaft

1 EL Wodka

1 kleine Schalotte, fein gehackt

Salz

Pfeffer aus der Mühle

1 Prise Cayennepfeffer

1 Bund Schnittlauch, fein geschnitten

1. Spargel vorbereiten: Seite 22. Spargel im Dampf garen. Spargel schräg in 3 bis 4 cm lange Stücke schneiden. Auf 4 Suppenteller verteilen.

2. Spargelbrühe mit den restlichen Zutaten verquirlen. Marinade über den Spargel träufeln.

3. Teller mit Klarsichtfolie decken. Spargel 2 Stunden bei Zimmertemperatur marinieren.

4. Spargel mit Schnittlauch bestreuen.

Abbildung rechts

Gemüse und Pilze in grüner Spargelsauce mit Wachtelei

800 g mittelfeiner grüner Spargel
300 ml/3 dl Gemüsebrühe/-bouillon
100 g/1 dl Sahne/Rahm
Muskatnuß
Salz
Pfeffer aus der Mühle
Gemüse-/Pilzeinlage
1 EL Butter
1 Schalotte, fein gehackt
1 Möhre/Karotte
1 weißer Rettich
wenig Knollensellerie
200 g frische Morcheln
100 ml/1 dl trockener Weißwein
Salz
Pfeffer aus der Mühle

1. Spargel vorbereiten: Seite 23. Im Dampf garen. Spargel auf 7 cm kürzen. Restlichen Spargel klein schneiden.

2. Kleingeschnittenen Spargel und Gemüsebrühe pürieren. Durch ein Sieb streichen.

3. Morcheln zügig in ein Gefäß mit kaltem Wasser tauchen. Pilze mit dem Schaumlöffel herausnehmen, damit der abgelagerte Sand nicht aufgewirbelt wird. Den Waschvorgang zweimal wiederholen. Schnittstellen entfernen. Pilze abtropfen lassen.

4. Möhre, Rettich und Sellerie putzen. Mit dem Pariserlöffel kleine Gemüseperlen ausstechen.

5. Schalotten in der Butter glasig dünsten. Morcheln dazugeben. 2 bis 3 Minuten dünsten. Gemüseperlen zu den Pilzen geben. Mit dem Weißwein ablöschen. Würzen. 2 bis 3 Minuten köcheln lassen. Spargelspitzen zum Erhitzen dazugeben.

6. Spargelsauce zusammen mit der Sahne aufkochen. Abschmecken.

7. Aus den Wachteleiern in wenig Butter Spiegeleier braten.

8. Gemüse auf vorgewärmte Suppenteller verteilen. Die grüne Spargelsauce dazugießen. Spiegelei in die Mitte geben.

Grüner Spargel an Avocadosauce

700 g grüner Spargel oder Wildspargel
1 Kopfsalat
1 Radicchio/Chicorino rosso
1 Bund Radieschen
100 g Brunnenkresse
1 Bund Petersilie, fein gehackt
Sauce
1 Avocado
2 EL Zitronensaft
100 ml/1 dl Gemüsebrühe/-bouillon, kalt
Salz
Pfeffer aus der Mühle

1. Spargel vorbreiten: Seite 23. Im Dampf garen. Auskühlen lassen. Spargel auf 8 cm kürzen. Restlichen Spargel in feine Scheiben schneiden.

2. Blattsalat in die einzelnen Blätter teilen. Waschen. Gut abtropfen lassen. Kresse waschen und abtropfen lassen. Radieschen in Scheiben schneiden.

3. Avocado halbieren. Das Fruchtfleisch mit einem Löffel aus der Schale nehmen. Mit der Gabel zerdrücken. Unter Rühren mit dem Schneebesen Gemüsebrühe und Zitronensaft zum Avocadofleisch geben. Würzen.

4. Spargelspitzen strahlenförmig auf Tellern anrichten. Blattsalate, Kresse, Spargelscheibchen, Radieschen und Petersilie mit einem Teil der Sauce mischen. In der Tellermitte anrichten. Spargel mit der restlichen Sauce beträufeln.

60

Spargel auf Sabayon mit Wirsingwickel

32 weiße Spargel

Wirsingrouladen

4 schöne Blätter von Frühlingswirsing/-wirz

100 g grüne Linsenkeimlinge

100 g Basmati-Reis

1 Schalotte, fein geschnitten

40 g Butter

4 EL Wasser

Salz

Pfeffer aus der Mühle

100 ml/1 dl Gemüsebrühe/-bouillon für die Form

Sabayon

1 sehr frisches Ei

3 Eigelb

50 g Noilly Prat (trockener Wermut)

2 Tropfen Zitronensaft

1 Prise Cayennepfeffer

Salz

Pfeffer aus der Mühle

Schnittlauchöl

2 Bund Schnittlauch, fein geschnitten

100 ml/1 dl Traubenkernöl

Salz

Pfeffer aus der Mühle

1. Spargel vorbereiten: Seite 22. Spargelspitzen auf 10 cm kürzen. Spargelreste klein schneiden.

2. Wirsing blanchieren. Unter kaltem Wasser abschrecken. Auf einem Küchentuch trocknen lassen. Mittelrippe entfernen.

3. Basmati-Reis in 200 ml/2 dl Wasser 30 Minuten garen. Nach 15 Minuten kleingeschnittenen Spargel dazugeben. Würzen. Auf der ausgeschalteten Herdplatte zugedeckt 15 Minuten nachquellen lassen.

4. Linsenkeimlinge mit kaltem Wasser abspülen. Schalotten in der Butter glasig dünsten. Das Wasser und die Linsen dazugeben. Weitere 2 Minuten dünsten. Mit Salz und Pfeffer würzen. Feingeschnittenen Spargel und Reis zu den Keimlingen geben.

5. Spargelspitzen über Dampf garen. Warm stellen.

6. Für die Wirsingwickel die Suppenkelle mit einem Wirsingblatt auslegen. Die Reisfüllung in die Kelle geben. Gut andrücken. Blatt einschlagen. Wickel in eine gebutterte Ofenform geben. Erwärmte Gemüsebrühe dazugießen. Mit einer Alufolie decken. Wickel im vorgeheizten Ofen bei 150 Grad 15 bis 20 Minuten ziehen lassen.

7. Schnittlauch und Traubenkernöl fein pürieren. Mit Salz und Pfeffer würzen.

Fortsetzung Seite 62
Abbildung Seite 63

8. Wirsingwickel aus dem Ofen nehmen. In der Form belassen.

9. Ofen für das Sabayon auf 250 Grad vorheizen. Ei, Eigelbe, Wermut und Zitronensaft im heißen Wasserbad schaumig schlagen, ca. 6 bis 7 Minuten. Würzen. Sabayon auf 4 Suppenteller verteilen. Spargelspitzen analog Bild darauflegen. Im Ofen tellerweise kurz überbacken (gratinieren).

10. Wirsingwickel auf das Sabayon legen. Mit wenig Schnittlauchöl beträufeln. Sofort servieren.

Überbackene Forellenfilets mit weißem Spargel an Schnittlauchsauce

4 Flußforellen (Fario), je 250 g (vom Fischhändler filetieren und häuten lassen)
1 EL Olivenöl
28 mittelfeine weiße Spargel
20 g Butter
Schnittlauchsauce
2 Bund Schnittlauch
100 g Butter
3 EL Wasser
1 Zitrone
Salz
Pfeffer aus der Mühle

1. Spargel vorbereiten: Seite 22. Spargel im Dampf garen.

2. Schnittlauch waschen und sehr fein schneiden. Mit der Butter pürieren. Mit Salz und Pfeffer abschmecken. Kühl stellen.

3. Ofen auf 120 Grad vorheizen. Forellenfilets mit Olivenöl einpinseln. Mit wenig Salz und Pfeffer würzen. Forellen auf ein Backblech legen. Mit Alufolie decken. Im Ofen ca. 8 Minuten garen. Bei dieser Garmethode bleibt der Fisch schön saftig.

4. Spargel in der Butter, unter Beigabe von 2 Eßlöffeln Wasser, erwärmen.

5. Für die Schnittlauchsauce das Wasser aufkochen. Schnittlauchbutter unter kräftigem Schlagen mit dem Schneebesen zum Wasser geben. Nicht kochen. Nach Belieben nachwürzen. Mit wenig Zitronensaft abschmecken.

6. Auf vorgewärmten Tellern den Spargel anrichten. Forellenfilets sehr vorsichtig darauf plazieren (fallen leicht auseinander). Mit der Schnittlauchsauce überziehen.

Abbildung rechts: Spargel auf Sabayon (Rezeptanfang Seite 61)

Spargel im Knusperteig mit Seesaibling auf Rotweinsauce

40 Wildspargel oder
40 feine grüne Spargel

300 g Frühlingszwiebeln

2 Filets vom Seesaibling, je 200 g

2 Blatt Brickteig
(in Feinkostläden erhältlich)

250 ml/2,5 dl Rotwein,
z.B. Pinot Noir

1 EL Olivenöl

2 EL Butter

Salz

Pfeffer aus der Mühle

einige Nelken

4 Schnittlauchblüten und
einige -halme, als Garnitur

1. Spargel vorbereiten: Seite 23. Spargel im Dampf garen. Spargelspitzen auf 8 cm Länge kürzen.

2. Zwiebeln schälen und vierteln. In leicht gesalzenem Wasser mit einigen Nelken 10 Minuten köcheln lassen. Zwiebeln gut abtropfen lassen und alsdann pürieren. Bei kleiner Hitze unter ständigem Rühren wieder erwärmen, damit das Püree etwas austrocknet. Die Hälfte der Butter (1 EL) unter das Püree rühren. Abschmecken. Warm stellen.

3. Für die Rotweinsauce den Wein bei großer Hitze auf 3 Eßlöffel einreduzieren. Restliche Butter (1 EL) mit dem Schneebesen unter die Sauce rühren. Mit Salz und Pfeffer würzen. Sauce warm stellen.

4. Aus dem Brickteig Rondellen von ca. 6 cm Durchmesser ausstechen. Teigrondellen in einer nicht klebenden, leicht geölten Pfanne sehr kurz beidseitig backen. Mit Salz und Pfeffer würzen. Auf Haushaltpapier legen.

5. Saiblingfilets halbieren. Mit Salz und Pfeffer würzen. Haut leicht einmehlen. Filets mit der Hautseite nach unten im heißen Öl 4 Minuten braten. Nicht wenden. So bleibt der Fisch saftig und das Fleisch fest. Fisch auf Haushaltpapier warm stellen.

6. Spargelspitzen in der Fischpfanne erwärmen.

7. Auf vorgewärmten Tellern Crêpes (pro Teller 3 Stück) und Spargelspitzen sandwichartig anrichten, dabei mit einem Crêpe beginnen und jedesmal wenig Zwiebelpüree auf den Spargel geben. Restliches Zwiebelpüree auf die Teller verteilen. Mit der heißen Rotweinsauce einen kleinen Spiegel machen. Fisch darauf anrichten. Mit einigen Schnittlauchhalmen und der -blüte garnieren. Sofort servieren.

Brickteig: Nordafrikanische Teigspezialität. Kann durch kleine Pfannkuchen/ Omeletten ersetzt werden.

Abbildung rechts

Taubenbrüstchen mit grünem Spargel auf würzigem Spargelpüree

36 mittelfeine grüne Spargel

8 Taubenbrüstchen

1 EL Erdnußöl

2 EL Butter

Sauce

4 EL Traubenkernöl

2 Nelken

1 Sternanis

1 Msp Safran

12 Korianderkörner

2 Pfefferkörner

1 Ei

Salz

Pfeffer aus der Mühle

Bratjus

1 Schalotte, fein gehackt

100 ml/1 dl Wasser

Salz

Pfeffer aus der Mühle

1 EL Butter

einige Schnittlauchhalme für die Garnitur

1. Öl und Gewürze (Nelken, Anis, Safran, Pfeffer und Koriander) leicht erwärmen. 30 Minuten stehen lassen. Gewürze absieben.

2. Spargel vorbereiten: Seite 23. Spargel im Dampf garen. Spargelspitzen auf 7 cm kürzen. Restlichen Spargel klein schneiden.

3. Ei 7 Minuten kochen. Unter kaltem Wasser abschrecken. Schälen.

4. Für das Spargelpüree Ei und kleingeschnittenen Spargel pürieren. Nach und nach das Gewürzöl bei laufender Maschine dazugeben. Püree durch ein Spitzsieb streichen. Abschmecken.

5. Taubenbrüstchen mit Salz und Pfeffer würzen. Öl und Butter erhitzen. Das Fleisch bei schwacher Hitze auf der Hautseite 4 Minuten braten. Wenden. 2 Minuten weitergaren. Taubenbrüstchen 10 Minuten an der Wärme ruhen lassen.

6. Bratöl weggießen. Schalotten in den Brattopf geben. Dünsten. Mit dem Wasser ablöschen. Auf 1/4 einreduzieren. Unter ständigem Rühren mit dem Schneebesen die Butter zur Sauce geben. Abschmecken.

7. Mit dem heißen Spargelpüree auf vorgewärmten Tellern einen Spiegel machen. Spargel fächerförmig anrichten. Taubenbrüstchen links und rechts plazieren. Mit dem Bratfond übergießen. Schnittlauchhalme als Garnitur dazulegen.

Entrecôte
mit gratiniertem Spargel
und Zwiebelbutter

28 mittelfeine weiße Spargel

2 EL Olivenöl

100 g Tomme (aus Kuhmilch),
in dünne Scheiben geschnitten

4 Entrecôte

1 EL Butter

1 EL Erdnußöl

Salz

Pfeffer aus der Mühle

1. Spargel vorbereiten: Seite 22. Spargel im Dampf garen. Spargelspitzen auf 4 bis 5 cm kürzen.

2. Ofen auf 210 Grad vorheizen.

3. Eine feuerfeste Form mit Olivenöl auspinseln. Spargel in die Form geben. Tomme darauf legen. Mit 2 Eßlöffeln Olivenöl beträufeln. 15 Minuten überbacken.

4. Zwiebeln in einen Topf geben. Soviel Wasser dazugießen, daß die Zwiebeln bedeckt sind. Aufkochen. Bei schwacher Hitze garen. Die Butter stückchenweise unter ständigem Rühren mit dem Schneebesen zu den Zwiebeln geben. Mit Salz und Pfeffer abschmecken.

5. Entrecôte mit Salz und Pfeffer würzen. Butter und Öl erhitzen. Entrecôte in der Buttermischung braten.

6. Zwiebelbutter auf vorgewärmten Tellern anrichten. Entrecôte und Spargelgratin dazugeben.

Gebackenes Hähnchen
auf grünem Spargel

4 Hähnchenkeulen/Pouletschenkel

2 EL Butter

2 EL Öl

1 TL frischer Estragon, gehackt

Salz

Pfeffer aus der Mühle

40 mittelfeine grüne Spargel

40 g Butter

Estragon für die Garnitur

1. Spargel vorbereiten: Seite 23. Im Dampf garen.

2. Hähnchenkeulen würzen. 10 Minuten bei mittlerer Hitze in der Öl-/Buttermischung braten. Keulen/Pouletschenkel wenden. Gehackten Estragon dazugeben. Während 15 Minuten fertiggaren.

3. Spargelspitzen in der Butter schwenken. Auf vorgewärmten Tellern anrichten. Hähnchenkeule dazugeben. Mit dem Estragon garnieren.

Lachs
auf weißem Spargel
mit Sojasprossen

---

4 Lachsfilets, je 130 g

---

600 g weißer Spargel

---

150 g Sojasprossen

---

2 EL Sojasauce

---

einige Korianderblättchen

---

grobes Meersalz

Pfeffer aus der Mühle

Sauce

---

4 EL trockener Weißwein

---

4 EL Wasser

---

3 EL Balsamico-Essig

---

1 EL Sojasauce

---

150 g Butter

Pfeffer aus der Mühle

---

1. Spargel vorbereiten: Seite 22. Spargel in 5 bis 6 cm lange Stücke und diese längs in 4 bis 8 Teile, je nach Dicke, schneiden.

2. Sojasprossen und Spargel in den Siebeinsatz füllen. Lachsfilets auf das Gemüse legen. Fisch mit der Sojasauce einpinseln und mit wenig Pfeffer würzen. 10 bis 15 Minuten auf kleinem Feuer garen.

3. Für die Sauce Weißwein, Wasser, Essig und Sojasauce aufkochen. Bei starker Hitze 2 Minuten kochen lassen. Unter ständigem Rühren mit dem Schneebesen die kalte Butter portionenweise in die Sauce rühren. Abschmecken.

4. Mit einem Teil der Sauce auf vorgewärmten Tellern einen Spiegel machen. Spargelgemüse anrichten. Lachsfilet dazulegen und mit der restlichen Sauce beträufeln. Mit einigen Körnern Meersalz und dem Koriander garnieren.

Abbildung rechts

Kaninchenfilets und Spargel auf Safransauce

Fleischgericht

500 g Kaninchenfilets

50 g Haselnüsse, grob gehackt

20 g Butter

2 EL Haselnußöl

200 g Camargue-Reis oder anderer Vollreis

400 ml/4 dl Wasser

12 feine weiße Spargel

12 feine grüne Spargel

30 g Butter

1 Schalotte, fein geschnitten

4 Wirsingblätter, neue Ernte

Safransauce

100 ml/1 dl Noilly Prat (Wermut)

einige Safranfäden

200 g/2 dl Sahne/Rahm

Salz

Pfeffer

1. Reis im Wasser aufkochen. Bei schwacher Hitze 30 bis 40 Minuten garen. Nach 20 Minuten mit wenig Salz würzen. Reis ohne Deckel 10 Minuten auf der ausgeschalteten Herdplatte trocknen lassen. Mit einer Gabel lokkern.

2. Spargel vorbereiten: Seiten 22 und 23. Spargel im Dampf garen. Grünen und weißen Spargel in 4 cm lange Stücke schneiden.

3. Kaninchenfilets in 1,5 cm dicke Scheiben schneiden. Mit Salz und Pfeffer würzen. Fleischscheiben in den gehackten Nüssen wenden. Butter und Haselnußöl erhitzen. Filets bei starker Hitze beidseitig je 2 bis 3 Minuten braten. Warm stellen.

4. In der Fleischpfanne restliche Butter schmelzen. Schalotten und Spargel beifügen. Erhitzen. Mit Salz und Pfeffer würzen. Spargel warm stellen.

5. Für die Safransauce den Fleischfond mit dem Wermut ablöschen. Auf die Hälfte einreduzieren. Sauce durch ein Sieb passieren. Zusammen mit der Sahne und den Safranfäden in die Pfanne zurückgeben. Zu einer dickflüssigen Sauce einköcheln lassen. Abschmecken.

6. Wirsing 2 bis 3 Minuten blanchieren. Würzen.

7. Reis unter Beigabe von wenig Wasser zugedeckt erwärmen.

8. Auf vorgewärmten Tellern den Reis mondsichelförmig anrichten. Wirsingblatt auf der unteren Tellerhälfte plazieren. Spargel und Kaninchenfilet auf dem Blatt anrichten. Safransauce zwischen den Reis und das Spargelgericht geben.

Abbildung rechts

Sahniges Rührei auf weißem Spargel

20 mittelfeine weiße Spargel

8 sehr frische Eier

4 EL Crème double/Doppelrahm

1 EL Butter

Muskatnuß

Salz

Pfeffer

1 Bund Schnittlauch, fein geschnitten

1. Spargel vorbereiten: Seite 22. Im Dampf garen.

2. Eier aufschlagen und mit dem Schneebesen verquirlen. Mit wenig Muskatnuß, Salz und Pfeffer würzen. Butter in einem kleinen Topf erwärmen. Eimasse dazugeben. Bei schwacher Hitze unter ständigem Rühren mit dem Spachtel stocken lassen. Die Eimasse soll geschmeidig, aber dennoch kompakt sein. Topf vom Feuer nehmen. Crème double unter das Rührei rühren.

3. Spargel auf vorgewärmten Tellern anrichten. Rührei auf den hinteren Teil der Spargelstangen häufen. Mit dem Schnittlauch garnieren. Sofort servieren.

Kalbsfilet mit Bärlauch-Spargel und Pfifferlingen

500–600 g Kalbsfilet, in Scheiben geschnitten

2 EL Erdnußöl

Spargel

28 mittelfeine weiße Spargel

2 EL Butter

Salz

Pfeffer aus der Mühle

80 g Bärlauch, fein geschnitten

Pilze

150 g kleine Pfifferlinge

2 Knoblauchzehen, gepreßt

1 Schalotte, fein geschnitten

1 EL Traubenkernöl

2 EL Butter

Salz

Pfeffer aus der Mühle

1. Spargel vorbereiten: Seite 22. Spargel im Dampf garen. Spargel in 4 bis 5 cm große Stücke schneiden. In der Butter kurz braten. Mit Salz und Pfeffer würzen. Bärlauch zuletzt dazugeben.

2. Pfifferlinge putzen. Eventuell waschen. Pilze, Zwiebeln und Knoblauch im Öl dünsten, 1 bis 2 Minuten. Mit Salz und Pfeffer würzen. Ganz am Schluß die Butter dazugeben.

3. Kalbsfilet mit Salz und Pfeffer würzen. Im heißen Öl beidseitig braten.

4. Spargel kuppelförmig anrichten. Pfifferlinge darüber verteilen. Kalbfleisch dazugeben.

Kalbsnierchen mit Wildspargelgemüse

2 Kalbsnieren mit Fett

1 Knoblauchzehe, gepreßt

Spargelgemüse

2 EL kaltgepreßtes Olivenöl

800 g Wildspargel oder sehr dünner grüner Spargel

1 kleiner Bund Basilikum, fein geschnitten

Salz

Pfeffer aus der Mühle

Braune Sauce

100 ml/1 dl Kalbsbrühe/-fond (beim Metzger oder in Feinkostläden erhältlich)

2 EL Butter

Salz

Pfeffer aus der Mühle

1. Spargel vorbereiten: Seite 23. Spargel in 5 cm lange Stücke schneiden.

2. Bei den Nieren die Fettschicht mit einem scharfen Messer bis auf 1 cm entfernen.

3. Ofen auf 220 Grad vorheizen.

4. Nieren im heißen Brattopf rundum anbraten. Knoblauch darüberstreuen. Nieren samt Brattopf in den Ofen schieben. 20 Minuten garen. Warm stellen.

5. Für die braune Sauce die Kalbsbrühe auf die Hälfte einreduzieren. Die Butter unter ständigem Rühren mit dem Schneebesen zur Brühe geben. Abschmecken.

6. Für das Spargelgemüse das Olivenöl in einem nicht klebenden Topf erwärmen. Rohen Spargel dazugeben. 3 bis 5 Minuten bei schwacher Hitze braten. Häufig rühren. Basilikum zum Spargel geben. Mit Salz und Pfeffer würzen.

7. Mit einem Teil der braunen Sauce auf vorgewärmten Tellern einen Spiegel machen. Spargelgemüse anrichten. Kalbsnieren in 15 mm dicke Scheiben schneiden. Zum Spargel geben. Mit der restlichen braunen Sauce beträufeln. Mit einer Umdrehung Pfeffer abschmecken.

Lammfilet auf Rhabaraberkompott mit grünem Spargel an Petersilienöl

4 Lammfilets, je 140 g
1 EL Erdnußöl
20 g Butter
32 mittelfeine grüne Spargel
20 g Butter
Rhabarberkompott
300 g Rhabarber
70 g Vollrohrzucker
20 g Butter
1 Msp Safran
Pfeffer aus der Mühle
Petersilienöl
30 g flachblättrige Petersilie
50 g Traubenkernöl
Salz
Pfeffer aus der Mühle

1. Petersilie waschen. Dicke Stengel entfernen. Petersilie und Traubenkernöl pürieren. Mit Salz und Pfeffer würzen.

2. Spargel vorbereiten: Seite 23. Im Dampf garen. Spargel auf 10 cm kürzen.

3. Rhabarber putzen. In kleine Stücke schneiden. In einem Topf 20 g Butter erhitzen. Rhabarber, Vollrohrzucker und Safran dazugeben. Unter öfterem Umrühren auf kleiner Stufe garen, bis die Flüssigkeit verdunstet ist (10 bis 15 Minuten). Mit Pfeffer abschmecken.

4. Lammfilets würzen. Butter und Erdnußöl erhitzen. Filets auf allen Seiten kräftig anbraten. Bei schwacher Hitze zugedeckt ca. 7 Minuten fertiggaren. Warm stellen.

5. Spargelspitzen in 20 g Butter und 2 Eßlöffel Wasser erhitzen. Mit Salz und Pfeffer würzen.

6. Spargelspitzen auf vorgewärmten Tellern gemäß Abbildung anrichten. Mit dem heißen Rhabarberkompott in der unteren Tellerhälfte einen Spiegel machen. Lammfilets diagonal in Scheiben schneiden. Auf dem Rhabarberkompott anrichten. Fleisch und Spargel mit wenig Petersilienöl beträufeln.

Abbildung rechts

Frühlingspilze auf grüner Spargelsauce mit frischen Safrannudeln

800 g grüner Spargel

wenig Gemüsebrühe/-bouillon

½ Zitrone, Saft

*400 g Frühlingspilze
(Pfifferlinge, Morcheln usw.)*

70 g Butter

1 Schalotte, fein gehackt

1 Bund Kerbel

Salz

Pfeffer

Safrannudeln

350 g Weizenmehl, Kleie ausgesiebt

2 EL saure Sahne/Sauerrahm

3 Eier

1 Msp Safranpulver

¼ TL Salz

1. Nudelteig (Vortag): Sämtliche Zutaten zu einem elastischen Teig kneten. In Klarsichtfolie eingewickelt im Kühlschrank mindestens 1 Stunde ruhen lassen. Nudelteig auf bemehlter Arbeitsfläche in zwei Arbeitsgängen gleichmäßig zu einem Rechteck ausrollen. Mit dem Teigrädchen 3 mm breite Nudeln schneiden. Überschüssiges Mehl abklopfen. Nudeln trocknen lassen.

2. Spargel vorbereiten: Seite 23. 12 Stück für die Garnitur ganz lassen. Restlichen Spargel klein schneiden. Ganzen Spargel und kleingeschnittenen Spargel im gleichen Topf in der Gemüsebrühe garen. Ganzen Spargel auf die Seite legen. Kleingeschnittenen Spargel samt Brühe pürieren. Durch ein Sieb streichen.

3. Pilze putzen. Schnittstellen wegschneiden. Mehrmals in frischem Wasser reinigen (nicht liegen lassen). Pilze gut abtropfen lassen.

4. Nudeln in reichlich Salzwasser al dente kochen. Mit 50 g Butter locker mischen. Mit wenig Pfeffer würzen.

5. Schalotten in 20 g Butter glasig dünsten. Pilze beigeben. Rund 4 Minuten dünsten.

6. Spargelpüree aufkochen. Würzen und mit dem Zitronensaft abschmekken.

7. Spargelpüree in vorgewärmte Suppenteller geben. Pilzragout kranzförmig anrichten. Safrannudeln in die Mitte geben. Grünen Spargel als Garnitur verwenden. Mit einigen Kerbelblättchen garnieren.

Abbildung rechts

Kabeljau
auf violettem Spargel
mit Gänselebersauce

24 mittelfeine violette Spargel

20 g Butter

*4 Kabeljaufilets, je 130 g
(vorzugsweise Königskabeljau)*

1 EL Olivenöl

Gänselebersauce

50 g Gänseleber

80 g Butter

Muskatnuß

Salz

Pfeffer aus der Mühle

*einige Zweige Kerbel,
Blättchen gezupft, für die Garnitur*

1. Spargel vorbereiten: Seite 22. Im Dampf garen. Spargel auf 15 cm kürzen. Spargelreste klein schneiden. Pürieren. Püree durch ein Spitzsieb streichen.

2. Für die Sauce Butter und Gänseleber zu einer glatten Masse rühren. Mit Salz, Pfeffer und 1 Prise frischem Muskat würzen.

3. Kabeljaufilets mit Salz und Pfeffer würzen. Im heißen Olivenöl braten. Nach 4 Minuten wenden und 2 bis 3 Minuten fertiggaren.

4. Spargelspitzen in 20 g Butter unter Beigabe von wenig Wasser erwärmen.

5. Spargelpüree erwärmen. Unter kräftigem Rühren mit dem Schneebesen die Gänseleber-Buttermischung zum Spargelpüree geben. Die Sauce darf auf keinen Fall kochen. Mit Salz und Pfeffer abschmecken.

6. Spargelspitzen in die Mitte der vorgewärmten Teller anrichten. Mit der Gänselebersauce überziehen. Kabeljau auf den Spargel legen. Mit Kerbel garnieren.

Kalbskotelette
mit weißem Spargel
auf Estragonsauce

4 Kalbskoteletten

2 EL Butter

1 EL Erdnußöl

28 mittelfeine weiße Spargel

wenig Butter

Estragonsauce

200 ml/2 dl Spargelbrühe

1 EL Estragon, gehackt

30 g Butter

1/2 Zitrone

Salz

Pfeffer aus der Mühle

4 Estragonzweige, als Garnitur

1. Spargel vorbereiten: Seite 22. Spargel im Dampf garen. Spargel halbieren.

2. Koteletten würzen. Butter und Öl erhitzen. Fleisch beidseitig anbraten. Bei schwacher Hitze 5 Minuten fertiggaren. Warm stellen.

3. Bratfett weggießen. Bratfond mit der Spargelbrühe ablöschen. Bei starker Hitze auf die Hälfte einreduzieren. Estragon zur Sauce geben. Butter unter ständigem Rühren mit dem Schneebesen mit der Sauce mischen. Mit wenig Zitronensaft, Salz und Pfeffer abschmecken.

4. Spargel in wenig Butter leicht bräunen.

5. Spargel auf vorgewärmten Teller anrichten, einmal Spitze, einmal Endstück. Kotelette dazulegen. Mit der Estragonsauce beträufeln. Estragon als Garnitur dazugeben.

Violetter Spargel mit mariniertem Frischlachs

28 mittelfeine Spargel mit violetten Köpfen

Lachs

1 frisches Lachsfilet (800 g)

500 g grobkörniges Meersalz

1 Möhre, in Scheibchen

1 Schalotte, in Ringen

1 Zwiebel, in Ringen

150 ml/1,5 dl Traubenkernöl

5 Lorbeerblätter

einige Thymianzweige

1 EL schwarze Pfefferkörner

Schnittlauchöl

30 g Schnittlauch, geschnitten

100 ml/1 dl Traubenkernöl

1. Lachs marinieren (3 bis 4 Tage im voraus): Den Lachs mit dem Meersalz bedecken. 2 Stunden kühl stellen. Lachs unter fließend kaltem Wasser waschen und mit einem Küchentuch trocknen. Lachs in eine tiefe, der Größe angepassten Form legen. Traubenkernöl darübergießen. Gemüse, Lorbeerblatt, Thymian und Pfefferkörner in die Form geben. 3 bis 4 Tage kühl stellen. Den Lachs während dieser Zeit öfters wenden.

2. Schnittlauch, Traubenkernöl und zwei Prisen Salz pürieren.

3. Spargel vorbereiten: Seite 22. Im Dampf garen.

4. Lachs aus der Marinade nehmen. In 5 mm dicke Scheiben schneiden.

5. Spargel und Lachs anrichten. Mit dem Schnittlauchöl beträufeln. Möhren und Zwiebeln als Garnitur dazulegen. Mit Toastbrot servieren.

Gedämpftes Perlhuhn-brüstchen auf weißem Spargelpüree mit Linsensprossen

12 große weiße Spargel

30 g Butter

1 Bund Schnittlauch, fein geschnitten

4 Perlhuhnbrüstchen mit Haut

20 g Butter

1 EL Olivenöl

Linsenkeimlinge

200 g Linsenkeimlinge

1 Schalotte, fein gehackt

40 g Butter

4 EL Wasser

einige Tropfen Zitronensaft

1. Spargel vorbereiten: Seite 22. Spargel im Dampf garen. Spitzen auf 6 bis 7 cm kürzen. Spargelabschnitte hacken. Zusammen mit 30 g Butter pürieren. Mit Salz und Pfeffer würzen.

2. Linsen unter fließend kaltem Wasser waschen. Gut abtropfen lassen. Schalotten in der Butter glasig dünsten. Linsenkeimlinge, Wasser und einige Tropfen Zitronensaft hinzufügen. 2 bis 3 Minuten dünsten. Mit Salz und Pfeffer würzen.

3. Perlhuhnbrüstchen allseitig mit Salz und Pfeffer würzen. Butter und Olivenöl erhitzen. Perlhuhnbrüstchen mit der Hautseite nach unten in die Pfanne geben. Kräftig anbraten (nicht wenden). Bei schwachem Feuer zugedeckt ca. 8 Minuten fertiggaren. Nach halber Garzeit den Spargel beigeben.

4. Auf vorgewärmten Tellern die heißen Linsenkeimlinge anrichten. Mit dem Spargelpüree in der unteren Tellerhälfte in diagonaler Richtung einen Spiegel machen. Perlhuhnbrüstchen in Scheiben schneiden. Auf dem Spargelpüree anrichten. Spargelspitzenenden im Schnittlauch drehen. Anrichten. Fleisch mit dem Bratfond übergießen.

Abbildung rechts

Seeteufel auf Knusperteig mit Spargelragout und Tomaten

8 weiße Spargel
36 sehr feine grüne Spargel
2 Blatt Brickteig *(in Feinkostläden erhältlich)*
12 Seeteufel-Medaillons, je 40 g
1 EL Butter
1 kleiner Bund Sauerampfer
2 EL saure Sahne/Sauerrahm
Salz
Pfeffer aus der Mühle
kandierte Tomaten
3 feste Tomaten
3 EL Balsamico-Essig
2 EL Puderzucker
3 EL Olivenöl

1. Spargel vorbereiten: Seiten 22 und 23. Im Dampf garen. Weißen Spargel in 1 cm lange Stücke schneiden. Beim grünen Spargel Spitzen auf 7 cm kürzen. Grüne Spargelreste in 1 cm lange Stücke schneiden. Mit dem weißen Spargel mischen.

2. Tomaten für 20 Sekunden in kochendes Wasser tauchen. Haut abziehen. Stielansatz kreisförmig herausschneiden. Früchte vierteln. Kernigen Teil entfernen. Tomatenviertel in den Essig tauchen. Im Puderzucker drehen. Auf ein Backblech legen.

3. Vom Brickteig 12 Rondellen von 6 cm Durchmesser ausstechen.

4. Ofen auf 220 Grad vorheizen.

5. Sauerampfer in feine Streifen schneiden. Spargelragout in der Butter erwärmen. Saure Sahne und Sauerampfer dazugeben. Mit Salz und Pfeffer würzen. Warm stellen.

6. Seeteufel mit Salz und Pfeffer würzen.

7. Teigrondellen portionenweise in einen nicht klebenden Topf geben. Auf jede Rondelle ein Fischmedaillon setzen. 1 Eßlöffel Olivenöl in die Pfanne geben. Teigrondellen ca. 1 Minute Farbe annehmen lassen. Vorsichtig wenden. Fertigbraten, ca. 2 Minuten. Warm stellen.

8. Tomaten im Ofen 2 Minuten backen.

9. Grünen Spargel in der Fischpfanne erwärmen.

10. Tomatenviertel auf vorgewärmten Tellern wie aus der Abbildung ersichtlich anrichten. Zwischen die Tomaten je 3 grüne Spargelspitzen legen und auf diesen die Crêpes anrichten. Spargelragout in die Mitte geben. Sofort servieren.

Abbildung rechts

Spargelragout mit Frühlingszwiebeln auf Paprikasauce

---

8 mittelgroße weiße Spargel

---

8 grüne Spargel

---

8 Frühlingszwiebeln

---

3 rote Gemüsepaprika/Peperoni

---

wenig Honig

---

wenig Erdnußöl

Petersilienöl

---

1 Bund Petersilie

---

100 ml/1 dl Traubenkernöl

Salz

Pfeffer aus der Mühle

---

1. Spargel vorbereiten: Seiten 22/23. Spargel im Dampf garen (weißen 30 Minuten, grünen 15 bis 20 Minuten). Spargel in 3 cm lange Stücke schneiden, längs halbieren.

2. Zwiebelgrün auf ca. 6 cm kürzen. Zwiebeln putzen. Im Dampf 6 Minuten garen. Längs halbieren.

3. Gemüsepaprika leicht einölen. Im Ofen auf höchster Stufe solange braten, bis die Haut dunkel ist. Früchte häuten.

4. Für die Garnitur 1 Gemüsepaprika längs halbieren. Stielansatz und Kerne entfernen. Früchte quer in feine Streifen schneiden.

5. Restlichen Gemüsepaprika im Mixerglas mit wenig Honig, Salz und 1 Prise Paprikapulver fein pürieren.

6. Petersilie waschen. Blätter zupfen. Gut abtropfen lassen. Mit dem Traubenkernöl und 1 Prise Salz fein pürieren.

7. Spargel und Frühlingszwiebeln in wenig Butter erhitzen. Mit Salz und Pfeffer sowie dem Petersilienöl abschmekken.

8. Paprikapüree erwärmen. Auf vorgewärmten Tellern einen Spiegel machen. Paprikastreifen wie aus der Abbildung ersichtlich auf die Teller legen. Spargelragout in die Mitte geben. Petersilienöl zwischen die Paprikastreifen träufeln.

Abbildung rechts

Entenbrust auf grünem Spargel mit Petersiliensauce

600 g Entenbrust mit Haut

Salz

Pfeffer aus der Mühle

1 kg feiner grüner Spargel

Sauce

80 g flachblättrige Petersilie, ohne Stiele

2 EL Akazienhonig

3 EL Traubenkernöl

1 EL Balsamico-Essig

Salz

Pfeffer aus der Mühle

1. Für die Sauce Petersilie, Honig, Öl und Essig pürieren. Mit Salz und Pfeffer würzen.

2. Ofen auf 200 Grad vorheizen.

3. Entenbrust mit Salz und Pfeffer würzen. Zuerst auf der Hautseite, dann auf der Innenseite anbraten. Im Brattopf in den vorgeheizten Ofen schieben. Während 15 Minuten fertiggaren. Von Zeit zu Zeit wenden und mit dem Bratöl übergießen. Entenbrust 10 Minuten an der Wärme ruhen lassen.

4. Spargel vorbereiten: Seite 23. Spargel im Dampf garen.

5. Spargel auf vorgewärmten Tellern anrichten. Mit der Honigsauce beträufeln. Entenbrust in Längsrichtung in Scheiben schneiden. Auf den Spargel legen.

Hähnchenbrüstchen mit weißem Spargelragout

Spargel

28 mittelfeine weiße Spargel

30 g Butter

1 EL Olivenöl

20 Walnuß-/Baumnußhälften

100 g gekochter Schinken, in feinen Streifen

1 Bund Schnittlauch, fein geschnitten

Hähnchenbrüstchen

4 kleine Hähnchenbrüstchen/ Pouletbrüstchen mit Haut, je 100 bis 120 g der Haut

1 EL Butter

1 EL Olivenöl

Salz

Pfeffer aus der Mühle

150 ml/1,5 dl Wassr

1. Spargel vorbereiten: Seite 22. Im Dampf garen. Spargel in 4 bis 5 cm lange Stücke schneiden.

2. Hähnchenbrüstchen mit Salz und Pfeffer würzen. Olivenöl und Butter erhitzen. Fleisch mit der Hautseite nach unten in den Topf geben. Bei schwacher Hitze zugedeckt 5 Minuten garen. Brüstchen wenden. Weitere 3 Minuten garen. Fleisch warm stellen.

3. Bratfett weggießen. Fond mit dem Wasser ablöschen. Bei starker Hitze auf die Hälfte einreduzieren. Abschmecken.

4. Butter leicht bräunen. Olivenöl beifügen. Die Nußhälften in der Buttermischung unter ständigem Wenden bräunen. Schinken und Spargel dazugeben. 3 Minuten braten. Schnittlauch daruntermischen.

5. Spargelragout auf vorgewärmten Tellern anrichten. Hähnchenbrüstchen in Scheiben schneiden. Anrichten. Mit dem Bratfond beträufeln.

Brassenfilets auf Zwiebelgemüse und weißem Spargel

4 Brassenfilets, je 130 g, mit Haut, gut geschuppt

28 mittelfeine weiße Spargel

1 EL Butter

Salbeiblätter für die Garnitur

Zwiebelgemüse

300 g neue weiße Zwiebeln

4 Salbeiblätter

1 EL Butter

1 EL Erdnußöl

100 ml/1 dl schwerer Rotwein

Salz

Pfeffer aus der Mühle

1. Spargel vorbereiten: Seite 22. Im Dampf garen. Spargelspitzen auf 14 bis 15 cm kürzen.

2. Zwiebeln schälen und in dünne Ringe schneiden. Butter und Öl erhitzen. Zwiebeln beigeben. Bei kleiner Hitze 5 Minuten dünsten. Salbeiblätter und Rotwein zu den Zwiebeln geben. Bei kleiner Hitze 15 Minuten köcheln lassen, bis der Rotwein vollständig verdunstet ist. Mit Salz und Pfeffer würzen.

3. Brassen mit Salz und Pfeffer würzen. Mit Erdnußöl einpinseln. Filets mit der

Hautseite nach unten in den heißen Brattopf geben. 4 bis 5 Minuten braten. Nicht wenden.

4. Spargel in der Butter, unter Beigabe von 2 Eßlöffeln Wasser, erwärmen.

5. Mit dem Zwiebelpüree auf vorgewärmten Tellern einen Spiegel machen. Spargelspitzen darauflegen. Brassenfilet auf dem Spargel anrichten. Mit 1 Salbeiblatt garnieren.

Zweierlei Spargel mit verlorenem Ei

20 mittelfeine weiße Spargel
20 mittelfeine grüne Spargel
Sauce
300 ml/3 dl Rotwein, z.B. Côte du Rhône
1 große Schalotte, gehackt
150 g neue Möhren/Karotten, ungeschält, zerkleinert
100 g Butter
Pfeffer aus der Mühle
Salz
Verlorenes Ei
4 große Landeier
200 ml/2 dl Weinessig

1. Spargel vorbereiten: Seiten 22 und 23. Weißen und grünen Spargel im Dampf garen. Spargelspitzen auf 6 bis 7 cm kürzen.

2. Rotwein in einem Topf mittlerer Größe aufkochen. Anzünden (flambieren), damit der Alkohol verdunstet. Schalotten und Möhren zum Rotwein geben. Zugedeckt 10 Minuten köcheln lassen. Deckel wegnehmen. Sauce bei großer Hitze auf $2/3$ einreduzieren. Sauce pürieren und wieder in den Topf zurückgeben. Bei kleiner Hitze die Butter stückchenweise unter ständigem Rühren mit dem Schneebesen zur Sauce geben. Mit Salz und Pfeffer abschmecken. Sauce warm stellen.

3. Für die verlorenen Eier 2 Liter Wasser und den Essig aufkochen. Jedes Ei einzeln sorgfältig (das Eigelb darf nicht verletzt werden) in eine Tasse aufschlagen. In das köchelnde Essigwasser gleiten lassen. 3 Minuten pochieren. Verlorenes Ei mit einer Lochkelle aus der Kochflüssigkeit fischen. Sofort für 10 Sekunden in kaltes Wasser tauchen, um den Garvorgang zu stoppen. Auf einem Tuch abtropfen lassen.

4. Spargelspitzen im Eierwasser erwärmen.

5. Spargelspitzen in vorgewärmten Suppentellern anrichten. Verlorenes Ei dazugeben. Mit der Rotweinsauce überziehen.

Abbildung rechts

Kalbsbries mit Spargel und Pfifferlingen

400 g Herzbries/-milke

16 mittelfeine grüne Spargel

16 mittelfeine weiße Spargel

400 g Pfifferlinge

1 Schalotte, fein gehackt

1 kleines Kräutersträußchen, z.B. Basilikum, Kerbel, Estragon

50 g frische Butter

1. Am Vorabend: Herzbries 1 Stunde unter sparsam fließendem kaltem Wasser wässern. Bries in einer Gemüsebrühe oder im Salzwasser 3 Minuten blanchieren. Herausnehmen. Bries aus der zähen Haut lösen. Kühl stellen.

2. Vom Kräutersträußchen die Blätter zupfen, waschen und in einem Küchentuch trocknen.

3. Spargel vorbereiten: Seiten 22 und 23. Spargel im Dampf garen. In 3 cm lange Stücke schneiden.

4. Pfifferlinge putzen, Schnittstellen entfernen. Mehrmals in frischem Wasser reinigen (nicht liegen lassen). Pfifferlinge gut abtropfen lassen.

5. Bries mit Küchenpapier trocknen. Butter bräunen. Bries dazugeben und 2 bis 3 Minuten braten. Pfifferlinge, Spargel und Schalotten dazugeben. 2 Minuten mitdünsten.

6. Kräuter in einer Bratpfanne in reichlich Öl backen. Die Kräuter sollen spröde sein (dauert rund 30 Sekunden). Auf Küchenpapier ausbreiten. Mit Salz und Pfeffer würzen.

7. Spargelgericht auf vorgewärmten Tellern anrichten. Mit den Kräutern garnieren. Sofort servieren.

Abbildung rechts

Spargelkuchen mit frischem Thymian

für eine Kuchenform von 22 cm Durchmesser

250 g Mürbteig/Kuchenteig

800 g weißer oder violetter Spargel

600 g Zwiebeln

1 roter Gemüsepaprika

2 EL Olivenöl

50 g Butter

1 EL Thymianhonig oder beliebiger Blütenhonig

1 EL Butter

Salz

Pfeffer aus der Mühle

Muskatnuß

2 Zweige Thymian, Blättchen gehackt

1. Spargel vorbereiten: Seite 22. Spargel in 5 mm breite Stückchen schneiden.

2. Zwiebeln schälen und fein hacken. Gemüsepaprika halbieren. Stielansatz, Kerne und helle Häute entfernen. Paprika in feine Streifen schneiden.

3. Zwiebeln und Gemüsepaprika 5 Minuten blanchieren. Nach halber Blanchierzeit Spargelstückchen beigeben. Gut abtropfen lassen.

4. Olivenöl und Butter erhitzen. Blanchiertes Gemüse und Honig dazugeben. Mit Salz, Pfeffer und Muskatnuß würzen. Auf kleinem Feuer 10 Minuten dünsten.

5. Ofen auf 220 Grad vorheizen.

6. Kuchenteig auf Formgröße ausrollen. In die gebutterte Form legen. Teig mit der Gabel einige Male einstechen. Gemüse auf den Teig verteilen. Mit dem Thymian bestreuen. 25 Minuten bakken. Sollten die Zwiebeln zu schnell braun werden, mit Alufolie abdecken.

7. Spargelkuchen mit einem Frühlingssalat servieren.

Crêpes mit Räucherlachs und Spargel gefüllt

Crêpes (12 Stück)
100 g Weizenmehl, sehr fein gemahlen
20 g Buchweizenmehl
2 Eier
250 ml/2,5 dl Milch
50 g Butter
Salz
Pfeffer aus der Mühle
1 EL Butter zum Braten
Füllung
12 weiße Spargel
300 g Räucherlachs
100 g Butter
einige Zweige Dill

1. Für den Teig Butter und Milch erwärmen (handwarm). Topf von der Wärmequelle nehmen. Eier mit dem Schneebesen leicht schaumig schlagen. Milch und Mehl dazugeben. Weitere 2 Minuten schlagen. Mit Salz und Pfeffer würzen. Teig 30 Minuten kühl stellen.

2. Spargel vorbereiten: Seite 22. Im Dampf garen. Spargel in 3 cm lange Stücke schneiden.

3. Räucherlachs in feine Streifen schneiden. Mit dem Spargel mischen.

4. Einen nicht klebenden Brattopf mit Butter einstreichen. Mit einer kleinen Kelle wenig Teig in den Topf geben. Brattopf etwas anheben und kreisförmig bewegen, damit sich der Teig gleichmäßig dünn verteilen kann. Teig fest werden lassen. Crêpe mit dem Spachtel wenden. Goldbraun backen. In einer vorgewärmten Schüssel warm stellen. Topf immer wieder mit dem Pinsel einbuttern.

5. In einem Topf die 100 g Butter schmelzen. Leicht bräunen.

6. Auf jede Crêpe 1 gehäuften Eßlöffel Lachs-Spargel-Mischung in die Mitte geben. Mit flüssiger Butter beträufeln. Crêpe einschlagen. Pro Person 3 Crêpes auf vorgewärmten Tellern anrichten. Mit Dill garnieren. Sofort servieren.

Spargelküchlein

Küchlein

12 weiße Spargel

500 g Kartoffeln

2 Eier

2 EL Mehl

2 EL Frischquark

2 EL Olivenöl

1 EL Butter

Salz

Pfeffer aus der Mühle

Sauce

50 ml/0,5 dl Spargelbrühe (Rezept Seite 28)

80 g Butter

1 EL Zitronensaft

einige Zweige Kerbel

1. Kartoffeln waschen. Samt Schale im Dampf garen. Kartoffeln schälen. Durch die Kartoffelpresse/das Passevite drücken.

2. Spargel vorbereiten: Seite 22. Im Dampf garen. Spargel in 3 mm breite Stücke schneiden. Im heißen Olivenöl während 5 Minuten leicht Farbe annehmen lassen.

Fortsetzung Seite 94

3. Eier verquirlen. Quark, Mehl, Spargel und Kartoffelpüree mit den Eiern mischen. Mit Salz und Pfeffer würzen.

4. Butter und Öl erhitzen. Kartoffelmasse mit Hilfe von zwei Eßlöffeln portionenweise (total 12 Küchlein) in die Bratpfanne geben. Kartoffelmasse flach drücken. Beidseitig je 2 Minuten backen.

5. Für die Sauce die Spargelbrühe erhitzen. Butter stückchenweise unter ständigem Rühren mit dem Schneebesen zur Brühe geben. Mit dem Zitronensaft aromatisieren. Abschmecken.

6. Mit der Sauce auf vorgewärmten Tellern einen Spiegel machen. Spargelküchlein anrichten. Mit dem Kerbel garnieren. Mit einem Frühlingssalat servieren.

Grüner Spargel und Zander auf Gemüsesauce

200 g junge Möhren/Karotten, ungeschält, zerkleinert

3 Kardamonkörner oder ½ TL Kardamonpulver

30 g Butter

500 g feiner grüner Spargel oder Wildspargel

4 Zanderfilets mit Haut, je 130 g

2 EL Olivenöl

wenig Mehl

Salz

Pfeffer aus der Mühle

1. Für das Gemüsepüree Möhren und Kardamonkörner im Dampf garen. Körner entfernen. Möhren pürieren.

2. Spargel vorbereiten: Seite 23. Spargel auf 15 cm Länge kürzen. Im Dampf garen.

3. Hautseite der Zanderfilets leicht mehlen. Mit der Hautseite nach unten im heißen Olivenöl 2 Minuten braten. Zugedeckt auf sehr kleinem Feuer 2 bis 3 Minuten weitergaren. Mit Salz und Pfeffer würzen.

4. Das Möhrenpüree unter Rühren aufkochen. Butter stückchenweise in die Sauce rühren. Würzen.

5. Mit dem Gemüsepüree auf vorgewärmten Tellern einen Spiegel machen. Spargel anrichten. Zanderfilet daraufgegen.

Abbildung rechts

Spargel-Soufflé

4 Portionenförmchen von 8 cm Durchmesser oder eine große Form

800 g weißer Spargel

200 g kleine Champignons

2 EL Olivenöl

Béchamelsauce

30 g Butter

30 g Mehl

200 ml/2 dl Milch

2 gehäufte EL Crème double/ Doppelrahm

5 Eier

Muskatnuß

Salz

Pfeffer aus der Mühle

wenig Butter und Mehl für die Förmchen/für die Form

1. Spargel vorbereiten: Seite 22. Im Dampf garen. Spargelspitzen auf 4 bis 5 cm kürzen. Spargelreste in 5 mm dicke Scheiben schneiden.

2. Champignons unter fließend kaltem Wasser reinigen. Fein hacken. Pilze im Olivenöl solange dünsten, bis die Flüssigkeit verdunstet ist. Spargelscheiben dazugeben. Mit Salz und Pfeffer würzen.

3. Ofen auf 220 Grad vorheizen.

4. Förmchen/Form einbuttern und mit Mehl bestäuben.

5. Für die Béchamelsauce Butter schmelzen. Mehl dazugeben und kurz anschwitzen. Die Milch nach und nach unter kräftigem Rühren mit dem Schneebesen zur Mehlschwitze geben. Immer wieder glattrühren. Béchamelsauce auf kleinem Feuer unter ständigem Rühren ca. 5 Minuten köcheln lassen. Mit Salz, Pfeffer und Muskatnuß würzen. Eigelb vom Eiweiß trennen. Eigelbe und Sahne unter die Béchamelsauce rühren.

6. Eiweiß mit 1 Prise Salz zu Schnee schlagen. Vorsichtig mit der ausgekühlten Béchamelsauce mischen.

7. Pilzmischung in die Förmchen/Form geben. Soufflémasse bis 1/4 unter den Rand einfüllen. 4 bis 5 Spargelspitzen ‹einpflanzen›.

8. Spargelsoufflé auf mittlerer Schiene 20 Minuten backen. Bei halber Backzeit die Temperatur auf 170 Grad reduzieren.

9. Das Soufflé sofort servieren. Mit einem bunten Salat servieren.

Abbildung rechts

Saucisson auf weißem Spargel und Trüffeln

1 kg weißer Spargel

2 EL Butter

1 Waadtländer-Saucisson (ca. 500 g) oder eine andere Kochwurst

Rotweinsauce

½ l schwerer Rotwein

2 Schalotten, fein geschnitten

2 Knoblauchzehen, gepreßt

4 Pfefferkörner

½ Lorbeerblatt

1 Zweig Thymian

50 g kleine Champignons, gehackt

2 EL Crème double/Doppelrahm

50 g Butter

20 g Trüffel (aus der Dose), mit der Gabel zerdrückt

wenig Kerbel

1. Rotwein, Schalotten, Knoblauch, Pfefferkörner, Lorbeerblatt, Thymian und Champignons in einen Topf geben. Bei starker Hitze auf ¼ einreduzieren. Pfefferkörner, Thymian und Lorbeerblatt entfernen. Sauce pürieren.

2. Wurst mit einer Nadel mehrmals einstechen. Im kalten Wasser aufsetzen und aufkochen. 20 Minuten bei schwacher Hitze ziehen lassen.

3. Spargel vorbereiten: Seite 22. Spargel im Dampf garen. Spargelspitzen auf 7 bis 8 cm kürzen. Restlichen Spargel in 2 cm lange Stücke schneiden.

4. Butter schmelzen. Spargelstückchen und Trüffel samt Flüssigkeit zur Butter geben. 5 Minuten bei schwacher Hitze köcheln lassen. Spargelspitzen dazugeben. Erwärmen.

5. Rotweinsauce zusammen mit der Sahne aufkochen. Unter ständigem Rühren mit dem Schneebesen die Butter zur Sauce geben. Abschmecken.

6. Spargel in vorgewärmten Suppentellern anrichten. Wurst in feine Scheiben schneiden. Fächerartig auf den Spargel legen. Mit der Rotweinsauce übergießen und mit dem Kerbel garnieren.

Kaninchenrücken auf Senfsauce mit grünem Spargel

2 Kaninchenrücken, ausgebeint

2 EL Olivenöl

28 mittelfeine grüne Spargel

Senfsauce

1 EL Butter

1 Schalotte, fein geschnitten

50 ml/0,5 dl trockener Weißwein

*2 EL Meaux-Senf
(grobkörniger Senf mit Weinessig
und Wein hergestellt)*

Spargelpüree

2 EL Crème fraîche

2 EL Butter

Salz

Pfeffer aus der Mühle

1. Spargel vorbereiten: Seite 23. Spargel im Dampf garen. Spargelspitzen auf 7 cm kürzen. Restlichen Spargel klein schneiden, pürieren und durch ein Sieb streichen.

2. Ofen auf 140 Grad vorheizen.

3. Kaninchenrücken würzen. Das Öl erhitzen. Kaninchenrücken beidseitig bei starker Hitze anbraten. Im Brattopf in den vorgeheizten Ofen schieben. 15 bis 20 Minuten weiterbraten. Von Zeit zu Zeit mit dem heißen Öl übergießen. Aus dem Ofen nehmen und warm stellen.

4. Für die Senfsauce die Schalotten in der Butter dünsten. Mit dem Weißwein ablöschen. Wenig einköcheln lassen. Senf, Spargelpüree und Sahne beigeben. Bei schwacher Hitze 3 bis 4 Minuten köcheln lassen. Restliche Butter unter ständigem Rühren mit dem Schneebesen zur Sauce geben. Mit Salz und Pfeffer würzen.

5. Mit einem Teil der Sauce auf vorgewärmten Tellern einen Spiegel machen. Spargelspitzen auf der Sauce anrichten. Kaninchenrücken schräg in Scheiben schneiden. Zum Spargel geben. Restliche Senfsauce über das Fleisch verteilen. Mit Kerbelblättchen garnieren.

Rotbarbe im Sesammantel auf Essigsauce mit grünem Spargel

12 grüne Spargel
12 leicht geräucherte Speckscheiben, sehr fein geschnitten
8 Rotbarbenfilets, je 70 bis 80 g
1 Eiweiß
6 EL Sesamsamen
2 EL Sesamöl
6 EL Aceto-Balsamico
40 g Butter
wenig Butterschmalz/Bratbutter
Pfeffer aus der Mühle

1. Spargel vorbereiten: Seite 23. Spargel auf 10 cm Länge kürzen. Im Dampf garen. Ausgekühlte Spargelspitzen mit einer Speckscheibe umwickeln.

2. Fischfilets mit Salz und Pfeffer würzen. Eiweiß verquirlen. Hautseite der Filets mit dem Eiweiß einpinseln. Mit Sesamsamen bestreuen. Gut andrükken.

3. Für die Sauce den Essig auf $2/3$ einreduzieren. Mit Salz und Pfeffer würzen. Die Butter stückchenweise in die heiße Sauce rühren. Warm stellen.

4. Spargel in wenig Butterschmalz braten. Häufig drehen, damit der Speck gleichmäßig braun wird. Warm stellen.

5. Sesamöl in der Spargelpfanne erhitzen. Fischfilets mit der Sesamseite nach unten im Öl backen. Hitze überwachen, damit der Sesam nicht verbrennt. Nach 90 Sekunden die einseitig gebratenen Filets aus der Pfanne nehmen und auf Haushaltspapier trocknen lassen.

6. Mit der Essigsauce auf vorgewärmten Tellern einen Spiegel machen. Spargel und Rotbarbenfilets anrichten.

Abbildung rechts

Spargelkuchen mit Kressesauce

für eine Kuchenform von 22 cm Durchmesser

250 g Mürbteig oder Kuchenteig

300 g Bohnen, zum Blindbacken

Backpapier

800 g weißer Spargel

Eierguß

3 Eier

200 g Crème double/Doppelrahm

200 ml/2 dl Milch

Salz

Pfeffer aus der Mühle

Sauce

2 Handvoll Brunnenkresse

200 ml/2 dl Milch

1 TL Zitronensaft

Salz

Pfeffer aus der Mühle

1. Backpapier in der Größe der Form ausschneiden.

2. Teig ausrollen und in die gebutterte Form legen. Mit der Gabel einstechen. Backpapier auf den Teig legen. Bohnen daraufgeben. Teigboden im vorgeheizten Ofen bei 210 Grad ca. 15 Minuten blindbacken. Hülsenfrüchte entfernen.

3. Spargel vorbereiten: Seite 22. Im Dampf garen. Spargel in ca. 3 cm lange Stücke schneiden.

4. Für den Eierguß die Eier verquirlen. Restliche Zutaten zur Eimasse rühren. Mit Salz und Pfeffer würzen.

5. Spargel auf den Kuchenboden verteilen. Eierguß dazugießen. Im vorgeheizten Ofen bei 180 Grad 30 Minuten backen.

6. Kresse gut waschen. Im Salzwasser blanchieren. Abtropfen lassen. Kresse zwischen den Handflächen kräftig pressen, damit möglichst viel Wasser abfließen kann. Kresse zusammen mit der Milch pürieren. Sauce aufkochen. Mit Salz, Pfeffer und dem Zitronensaft würzen.

7. Spargelkuchen in Stücke schneiden. Auf warmen Tellern anrichten. Mit der Sauce überziehen.